A Verdade da Cruz é ⟨...⟩ ⟨...⟩ ⟨...⟩ ⟨...⟩ ⟨...⟩ to da cruz. É uma obra imp⟨...⟩ ⟨...⟩ ⟨...⟩ ⟨...⟩ de igreja e um livro que presentearei muitas vezes a amigos. E as razões são estas: é um livro solene (ou seja, contém reflexões sobre texto bíblicos importantes providas de informações da História), sensível (ou seja, é bem argumentado), simples (ou seja, prende a atenção do leitor servindo-se de ilustrações cativantes; até um menino de doze anos pode entender seu conteúdo) e espiritual (ou seja, procede de um coração inflamado pelo Espírito Santo).

— Dr. Bruce K. Waltke, Docente
Reformed Theological Seminary

A cruz se mantém no próprio centro de nossa vida cristã. Todavia, muitos cristãos estão confusos quanto ao âmago do evangelho, pois muitas opiniões apóstatas têm surgido. R. C. Sproul dissipa o nevoeiro nesta obra pastoralmente rica, teologicamente profunda e maravilhosamente clara. Aprenda de novo ou mais uma vez o que Deus realizou na cruz, de modo que você se glorie tão-somente na cruz de Cristo.

— Dr. Thomas R. Schreiner, Docente
The Southern Baptist Theological Seminary

O evangelho é a mensagem das boas-novas de que algo extraordinário aconteceu. O cerne dessa mensagem é que Jesus Cristo, o Filho de Deus encarnado, fez expiação dos pecados de todo o seu povo, removendo a ira justa de Deus. O evangelho é a mensagem que tem a cruz como molde. Lamentavelmente, em nossos dias, esta mensagem está sendo remodelada em outras formas, e os resultados são infelizes. Podemos dar graças a Deus por esta obra de R. C. Sproul, porque nela vemos um argumento claro, conciso e sensato em favor do evangelho da cruz, bíblico, cristão e histórico.

— Dr. R. Scott Clark, Professor Associado
Westminster Seminary California

A VERDADE DA CRUZ

R. C. SPROUL

```
S771v    Sproul, R. C. (Robert Charles), 1939-
            A verdade da cruz / R. C. Sproul ; [tradução: Francisco
         Wellington Ferreira]. – 2. reimpr. – São José dos Campos,
         SP: Fiel, 2018.

            145 p.
            Tradução de: The truth of the cross.
            ISBN 9788599145845

            1. Jesus Cristo – Crucificação. I. Título.

                                                       CDD: 232.963
```

Catalogação na publicação: Mariana C. de Melo Pedrosa – CRB07/6477

A Verdade da Cruz
Traduzido do original em inglês
The Truth of the Cross, por R. C. Sproul
Copyright © 2007 by R. C. Sproul

■

Publicado por Reformation Trust Publishing
a division of Ligonier Ministries
400 Technology Park, Lake Mary, FL 32746

Copyright©2011 Editora FIEL.
1ª Edição em Português 2011

*Todos os direitos em língua portuguesa reservados
por Editora Fiel da Missão Evangélica Literária*

PROIBIDA A REPRODUÇÃO DESTE LIVRO POR
QUAISQUER MEIOS, SEM A PERMISSÃO ESCRITA
DOS EDITORES, SALVO EM BREVES CITAÇÕES,
COM INDICAÇÃO DA FONTE.

■

Diretor: Tiago J. Santos Filho
Editor: Tiago J. Santos Filho
Tradução: Francisco Wellington Ferreira
Revisão: James Richard Denham Jr., Tiago J.
Santos Filho
Diagramação: Wirley Corrêa - Layout
Capa: Edvânio Silva

ISBN: 978-85-99145-84-5

Caixa Postal 1601
CEP: 12230-971
São José dos Campos, SP
PABX: (12) 3919-9999
www.editorafiel.com.br

DEDICATÓRIA

A
R. C. Sproul Jr,

*Por sua firme e corajosa
postura em favor da verdade bíblica.*

Sumário

1. A Necessidade de Expiação 9
2. O Deus Justo 23
3. Devedores, Inimigos e Criminosos 35
4. Resgatados do Alto 51
5. O Substituto Salvador 65
6. Semelhante a Seus Irmãos 77
7. O Servo Sofredor 91
8. A Bênção e a Maldição 107
9. Uma Fé Segura 121
10. Perguntas e Respostas 135

Capítulo 1

A Necessidade de Expiação

Sou fascinado pela informação veiculada pelas agências de publicidade. Parece que o negócio de publicidade se torna cada vez mais sofisticado, à medida que as agências procuram colocar empresas e produtos no mercado. Para atingir esse objetivo, bilhões de dólares são gastos todos os anos a fim de criar o que chamamos de logomarca – pequenas imagens ou símbolos que identificam instantaneamente uma marca ou um produto, comunicando algo a respeito dele, tal como sua história, seu valor, sua importância. Ouvi dizer que a logomarca mais reconhecível nos Estados Unidos são os arcos amarelos que você acha do lado de fora das lanchonetes McDonald's.

A fé cristã também possui um símbolo universal – a cruz. Por que a cruz? Afinal de contas, o cristianismo tem muitos aspectos. Percebemos esses muitos aspectos no campo da teologia sistemática, que está dividida em várias seções, tais como a teologia propriamente dita, o estudo de Deus mesmo; a pneumatologia, o estudo da pessoa e obra do Espírito Santo; a soteriologia, o estudo da salvação, e assim por diante.

Contudo, um das seções mais importantes da teologia é a cristologia: o estudo da pessoa e da obra de Cristo. Nesse campo de estudo, quando desejamos obter o aspecto mais crucial, o aspecto que podemos chamar de "cerne" do assunto sobre a pessoa e a obra de Jesus, pensamos imediatamente na cruz. A palavra crucial tem a mesma raiz latina do vocábulo cruz e se introduziu em nossa língua com o seu sentido atual porque o conceito da cruz está no próprio centro e âmago do cristianismo bíblico. Em um sentido bem real, a cruz dá uma forma definitiva à essência do ministério de Jesus.

Essa era a opinião do apóstolo Paulo. Em sua primeira epístola dirigida à igreja de Corinto, ele fez uma declaração admirável sobre a importância da cruz para toda a fé cristã: "Eu, irmãos, quando fui ter convosco, anunciando-vos o testemunho de Deus, não o fiz com ostentação de linguagem ou de sabedoria. Porque decidi nada saber entre vós, senão a Jesus Cristo e este crucificado" (1 Co 2.1-2).

Paulo era um homem que por volta dos 21 anos de idade tinha o equivalente a dois PhDs em teologia, um homem que escreveu com grande discernimento sobre todo o escopo da teologia. Apesar disso, ele afirmou que o foco de seu ensino, pregação e ministério entre os coríntios era apenas "Jesus Cristo e este crucificado".

Quando o apóstolo fez essa afirmação, ele estava obviamente engajado na arte literária da hipérbole. O prefixo grego hiper é a fonte de nosso vocábulo super e indica certo grau de ênfase. Hiper se une a uma palavra-raiz e torna-a enfática. Em hipérbole, a palavra-raiz provém de um verbo grego que significa "lançar". Portanto, hipérbole é, literalmente, um "superlançar"; é uma forma de ênfase que usa exagero intencional. Esse é um artifício comum na comunicação. Às vezes, quando um filho desobedece, um dos pais talvez diga, por irritação: "Já lhe disse mil vezes que não faça isso". O pai ou mãe não está querendo dizer, literalmente, mil vezes; e nenhum filho que ouve o que seus pais dizem entende que ele ou ela falou no sentido literal. Todos entendem que uma sentença como essa é um exagero — um exagero resultante de engano ou falsidade, mas proferido com a intenção de produzir ênfase.

Isso era o que Paulo estava fazendo quando disse aos cristãos de Corinto que decidira nada saber, exceto Cristo crucificado. É claro que Paulo estava determinado a saber todo tipo de coisa além da pessoa e da obra de Jesus. Ele queria ensinar àqueles cristãos as coisas profundas sobre o caráter e a natureza de Deus, o Pai. Planejava instruí-los quanto à pessoa e à obra do Espírito Santo, à ética cristã e a muitas outras coisas que iam além da abrangência imediata da obra de Cristo na cruz. Então, por que Paulo disse isso? A resposta é óbvia. Paulo estava dizendo que, em todo o seu ensino, em toda a sua pregação, em toda a sua atividade missionária, o assunto de importância central era a cruz. Na realidade, esse mestre estava dizendo aos seus alunos: "Vocês podem esquecer outras coisas que lhes ensinei, mas nunca esqueçam a cruz, porque foi na cruz, por meio da cruz, experimentando a cruz, que nosso Senhor realizou a obra de redenção e reuniu o seu povo para a eternidade".

Ao colocar esta ênfase na cruz, Paulo estava falando em nome de todos os escritores do Novo Testamento. Se pudéssemos ler o Novo Testamento com olhos virgens, ou seja, como se fôssemos a primeira geração de pessoas a ouvir a mensagem, acho que ficaria evidente que a crucificação era o próprio âmago da pregação, ensino e catequese da comunidade do Novo Testamento – juntamente com o ato culminante da obra de Cristo, a sua ressurreição e subseqüente ascensão. O Novo Testamento nos esclarece a importância, o propósito e o significado da cruz de Cristo.

Se é verdade que a cruz tem importância central no cristianismo bíblico, parece ser indispensável que os cristãos tenham um entendimento do significado da cruz em termos bíblicos.

Isso seria verdadeiro em qualquer geração, mas é particularmente necessário nesta geração. Duvido que tenha havido, nestes dois mil anos de história do cristianismo, uma época em que a necessidade da cruz tenha sido mais controversa do que agora. Na história da igreja houve outras épocas em que surgiram teólogos que consideravam a cruz um acontecimento desnecessário. No entanto, nunca antes na história da igreja a necessidade da expiação foi tão amplamente desafiada como em nossos dias.

Pessoas me dizem que não se tornaram cristãs não tanto porque jamais foram convencidas das reivindicações verazes do cristianismo, e sim porque nunca se convenceram da necessidade do que a Bíblia ensina. Quantas vezes você já ouviu pessoas dizerem: "Isso talvez seja verdade, mas não sinto necessidade de Jesus", ou: " Eu não preciso da igreja", ou: "Eu não preciso do cristianismo"? Creio que se pudermos convencer as pessoas da verdade sobre a pessoa de Cristo e a obra que ele realizou, elas perceberão imediatamente que necessitam dessa verdade.

Certa ocasião, enquanto eu esperava por minha esposa, Vesta, em um shopping center, vi uma livraria e adentrei-a. Havia milhares e milhares de livros naquela loja, separados nas diversas categorias identificadas com proeminência: ficção, não-ficção, negócios, esportes, auto-ajuda, casamento, histórias infantis e assim por diante. Bem ao fundo da loja estava a seção de religião, que consistia apenas de quatro prateleiras, tornando-a uma das menores seções da loja. O material que se encontrava naquelas prateleiras não era o que poderíamos chamar de cristianismo tradicional, ortodoxo e clássico. Perguntei-me: por que esta loja vende ficção e auto-ajuda, mas não valoriza, como parte de seu programa, o conteúdo da verdade bíblica?

Compreendi que a loja não estava ali como um ministério. Seu propósito era comercial: obter lucro. Por isso, admiti que a razão por que não havia bons livros cristãos era o fato de que não havia muitas pessoas perguntando: "Onde posso achar um livro que me ensine a respeito das profundezas e riquezas da expiação de Cristo?" Mesmo quando vamos a uma livraria cristã, achamos pouca evidência de que as pessoas estão procurando obter um entendimento minucioso de assuntos centrais como a expiação.

Pensei sobre essas coisas e cheguei à conclusão de que as pessoas não estão interessadas em uma expiação. Estão convencidas de que não necessitam de expiação. Não perguntam: "Como posso reconciliar-me com Deus? Como posso escapar do juízo divino?" Se a nossa cultura perdeu alguma coisa, foi a idéia de que os seres humanos são pessoal, particular, individual, final e inexoravelmente responsáveis por sua vida diante de Deus.

Se todas as pessoas que vivem no mundo acordassem e dissessem: "Algum dia terei de comparecer diante de meu

Criador e prestar contas de cada palavra que já falei, cada ato que pratiquei, cada pensamento que me ocorreu e todo dever que não cumpri", várias coisas poderiam acontecer. Elas poderiam dizer: "Sou responsável, mas não é realmente importante o fato de que Aquele a quem e diante de quem eu tenho de prestar contas não se preocupa com o tipo de vida que eu levo, porque ele entende que os rapazes têm de ser rapazes e as moças, moças". Nesse caso, nada mudará. Mas, se as pessoas entendessem que há um Deus santo e que o pecado é uma ofensa contra esse Deus santo, elas invadiriam as nossas igrejas e perguntariam: "O que devo fazer para ser salvo?"

Certa vez fui ao hospital por causa de uma pedra no rim. Não era algo que envolvia risco de morte – apenas parecia isso. Sou um daqueles indivíduos que, sentindo dores, fará tudo que puder para negar a existência da dor e não desejará ir ao médico, para que este o examine e lhe dê más notícias. Mas, quando tive aquela pedra no rim, telefonei para o médico rapidamente. Chegando ao hospital, os médicos não puderam identificar o que estava errado comigo. Enquanto eu esperava o resultado dos exames, deitado, com minhas costas em dor, acessei vários canais de televisão e parei em uma emissora religiosa que apresentava um pregador lendo a história do Natal. No decorrer da leitura, ele chegou à Anunciação: "É que hoje vos nasceu, na cidade de Davi, o

Salvador, que é Cristo, o Senhor" (Lc 2.11). Não posso lhe dizer quanta vezes eu tinha lido ou ouvido essa afirmação, mas, quando estava na cama do hospital, com futuro incerto, ela me atingiu como uma marreta. Disse a mim mesmo: é exatamente isso que eu preciso – um Salvador.

Meu argumento é este: senti a necessidade de um Salvador porque estava sofrendo. Estava com medo, e as questões relacionadas à vida e à morte se tornaram centrais em minha atenção. Mas isso não acontece no fluxo das circunstâncias normais do cotidiano das pessoas. Nossa necessidade de salvação não é um interesse primordial. No entanto, o cristianismo opera com base na premissa de que o homem necessita de salvação.

A doutrina de justificação que prevalece em nossos dias não é a doutrina da justificação somente pela fé. Nem mesmo é o ensino de justificação por boas obras ou por uma combinação de fé e obras. O conceito de justificação que prevalece hoje na cultura ocidental é o da justificação pela morte. Admite-se que morrer é tudo que a pessoa precisa fazer para ser recebida nos braços eternos de Deus.

Em alguns casos, a indiferença predominante em relação à cruz se transforma em hostilidade franca. Pediram-me certa vez para fazer uma preleção explicando o relacionamento entre a antiga e a nova aliança. Enquanto ministrava a preleção, referi-me à morte de Cristo como um sacrifício substitutivo, vicário pelos pecados de outros. Para minha surpresa, alguém vociferou, ao fundo da sala: "Isso é primitivo, obsceno". Fiquei perplexo por um momento, depois perguntei: o que você disse? Ele disse novamente, com grande hostilidade: "Isso é primitivo e obsceno". Nessa altura, eu já me recompusera da surpresa e disse ao homem que eu havia gostado realmente da escolha dos adjetivos. É primitivo que um sacrifício de sangue fosse realizado para satisfazer a justiça de um Deus transcendente e santo, mas o pecado é algo primitivo e básico à existência humana, por isso Deus resolveu mostrar-nos seu amor, misericórdia e redenção por meio dessa obra primitiva. E a cruz é uma obscenidade porque todos os pecados corporativos do povo de Deus foram lançados sobre Cristo. A cruz é a coisa mais horrível e obscena na história da humanidade. Então, agradeci ao homem por sua observação. Mas o ponto é que ele era extremamente hostil a toda a idéia de expiação.

É claro que essa dúvida universal sobre a necessidade da expiação não apareceu da noite para o dia. De fato, a expiação há muito tem sido assunto de debate na própria igreja.

Tenho um amigo teólogo que diz freqüentemente: "Na história da igreja, existem somente três tipos de teologia". Embora tenha havido muitas escolas, com inúmeros nomes e diferentes variações de nomes, em geral há apenas três tipos de teologia, os quais chamamos de agostinianismo, semipelagianismo e pelagianismo. Em termos simples, o agostinianismo afirma que a salvação se fundamenta tão-somente na graça de Deus; o semipelagianismo ensina que a salvação depende da cooperação humana com a graça de Deus; o pelagianismo crê que a salvação pode ser obtida sem a graça de Deus. Historicamente, quase toda igreja se enquadra em uma dessas categorias.

Em minha opinião, o agostinianismo e o semipelagianismo representam debates significantes na família cristã; representam diferenças de opinião a respeito da interpretação e da teologia bíblicas entre os cristãos. Contudo, o pelagianismo em suas várias formas não é um assunto interno dos cristãos; mas, no seu melhor, é subcristão e, no seu pior, anticristão. Digo isso por causa da opinião do pelagianismo a respeito da necessidade da cruz.

Assim como há três tipos básicos de teologia, assim também há historicamente três opiniões básicas sobre a necessidade da expiação. Primeiramente, existem aqueles que crêem que a expiação é totalmente desnecessária. Os pelagianos, em todas as suas formas, se encaixam nessa categoria. O pelagianismo, que se originou no século IV, o socinianismo que surgiu nos séculos XVI e XVII, e o que hoje chamaríamos de liberalismo teológico são, todos, essencialmente, não-cristãos porque, no âmago de cada um deles há uma negação da expiação de Jesus Cristo. Essas escolas de pensamento, por removerem do Novo Testamento o ato reconciliador de Cristo, não têm nada para oferecer, exceto moralismos. Para eles, a cruz é o lugar em que Jesus morreu como exemplo para os homens. Eles o vêem como um herói existencial, alguém que nos traz inspiração por seu compromisso e devoção ao auto-sacrifício e por seus interesses humanitários. Mas esses moralismos não são, de modo nenhum, singulares e dignos de lealdade. No pelagianismo não existe salvação, nem Salvador, nem expiação, porque nessa escola de pensamento a salvação não é necessária.

Em segundo, há aqueles que crêem que a expiação é apensa hipoteticamente necessária. Esse ponto de vista expressa a idéia de que Deus poderia nos ter redimido por inúmeras maneiras ou meios ou poderia ter resolvido ignorar o pecado humano. No entanto, ele não fez algo extraordinário quando se comprometeu com certo curso de ação. Ele escolheu redimir-nos pela cruz, por meio de uma expiação. Uma vez que Deus se comprometeu consigo mesmo, a expiação tornou-se necessária, não de jure, nem de facto, mas de pacto — ou seja, pela virtude de um pacto ou de uma aliança que Deus fez por emitir uma promessa de que realizaria algo específico. A promessa era gratuita no sentido de que não era necessário que Deus a fizesse, mas, apesar disso, ele a fez. Então, ele ficou comprometido com esse curso de ação. Isso é o que significa a necessidade hipotética da expiação.

A terceira opinião, que é clássica, ortodoxa e cristã (e estou convencido ser o ponto de vista bíblico) é a de que a expiação não era somente hipoteticamente necessária para a redenção do homem, mas também absolutamente necessária, se alguém tinha de ser redimido e reconciliado com Deus. Por essa razão, a teologia ortodoxa tem afirmado, durante séculos, que a cruz é uma parte essencial do cristianismo, essencial no sentido de que ela é um sine qua non, "sem o qual o cristianismo não existiria". Se retiramos do cristianismo a cruz como um ato de expiação, nós o aniquilamos.

A afirmação de que a cruz era um prerrequisito necessário à redenção suscita imediatamente a pergunta "Por quê?" A resposta está, como sempre esteve desde os tempos de Agostinho e Pelágio, em nosso entendimento do caráter de Deus e da natureza do pecado. Se temos um entendimento deficiente quanto ao caráter de Deus e à natureza do pecado, é inevitável que cheguemos à conclusão de que a expiação não era necessária. Portanto, nos próximos capítulos trataremos destes assuntos cruciais.

A Necessidade da Expiação

CAPÍTULO 2

O DEUS JUSTO

Quando pesquisamos a história da igreja, descobrimos que há certo teólogos que permanecem como gigantes — homens como Agostinho de Hipona, Tomás de Aquino, Martinho Lutero, João Calvino e Jonathan Edwards. Normalmente, diríamos que Agostinho foi o maior teólogo do primeiro milênio da história da igreja. Conhecemos bem os grandes homens da época da Reforma e de séculos posteriores, como Lutero, Calvino e Edwards. Mas, quando pensamos na era interveniente, a Idade Média, ouvimos falar de poucos grandes pensadores além de Tomás de Aquino. No entanto, houve um teólogo e filósofo desse período que fez uma enorme contribuição à história da igreja — Anselmo da Cantuária.

Anselmo deixou um legado de três obras importantes, todas elas eram breves. As duas primeiras obras eram apologéticas. Uma se chamava *Monologion*, e a outra, *Proslogion*. Foi neste segundo livro que Anselmo expôs seu famoso argumento ontológico em favor da existência de Deus. Talvez sua maior contribuição foi sua pequena obra que apareceu sob o título, em latim, de *Cur Deus Homo?* Esse título significa, literalmente, "Por que o Deus-Homem?" Em outras palavras, Anselmo estava perguntando por que houve uma encarnação. Por que Cristo se tornou homem?

No cerne da resposta de Anselmo a essa pergunta, estava o seu entendimento do caráter de Deus. Anselmo percebeu que a principal razão por que era necessário um Deus-Homem era a justiça de Deus. Essa parece ser uma resposta estranha. Ao pensarmos sobre a cruz e a expiação consumada por Cristo, admitimos que a causa que mais intensamente motivou Deus a enviar Cristo ao mundo foi o seu amor ou a sua misericórdia. Como resultado, tendemos a menosprezar a característica da natureza de Deus que torna a expiação absolutamente necessária — a sua justiça.

Deus é amoroso, mas a principal parte do que ele ama é o seu próprio caráter perfeito, no qual o aspecto mais elevado é a importância de manter justiça e retidão. Embora Deus perdoe os pecadores e faça grande provisão para expressar sua misericórdia, ele nunca barganhará a sua justiça. Se não entendermos isso, a cruz de Cristo não terá qualquer significado para nós.

O que pretendemos dizer quando falamos sobre a justiça de Deus? Na mente de um judeu antigo, a justiça nunca era abstrata. Essa é a razão por que, no Antigo Testamento, a justiça estava inevitavelmente vinculada ao conceito de retidão. Retidão significa fazer o que é correto. Portanto, a justiça de Deus está relacionada à sua retidão íntima, ao seu caráter, que define tudo que ele faz. Deus nunca age de acordo com a injustiça. Ele nunca viola qualquer dos seus padrões ou cânones de retidão. Uma definição simples da justiça de Deus é "seu compromisso eterno e imutável de sempre fazer o que é certo".

Gênesis 18 contém uma narrativa que tanto é fascinante como instrutiva. É a história da intercessão do patriarca Abraão em favor dos habitantes de Sodoma e Gomorra. Essas cidades eram tão más na época do Antigo Testamento, que se tornaram, literalmente, símbolos de corrupção. A simples menção dos nomes *Sodoma* e *Gomorra* evoca a imagem horrenda de cidades corruptas e decadentes. Apesar disso, Abraão ousou pedir a Deus que poupasse essas cidades, e sua interação com Deus ensina-nos muito sobre a justiça de Deus.

A narrativa começa em Gênesis 18.16:

> Tendo-se levantado dali aqueles homens, olharam para Sodoma; e Abraão ia com eles, para os encaminhar. Disse o Senhor: Ocultarei a Abraão o que estou para fazer, visto que Abraão certamente virá a ser uma grande e poderosa nação, e nele serão benditas todas as nações da terra? Porque eu o escolhi para que ordene a seus filhos e a sua casa depois dele, a fim de que guardem o caminho do Senhor e pratiquem a justiça e o juízo; para que o Senhor faça vir sobre Abraão o que tem falado a seu respeito.

Nessa narrativa, Deus parece estar meditando, questionando a si mesmo se deve contar a Abraão ou ocultar-lhe o que estava planejando. Contudo, ele revelou a Abraão o que faria, porque tinha certeza de que Abraão seria o pai de uma grande nação e porque fizera sua aliança com ele e seus descendentes. Deus tinha um destino para o seu povo, os descendentes de Abraão; esse destino foi definido nesta passagem pelos termos *justiça* e *juízo*. Deus não escolheu caprichosamente Abraão dentre todos os povos pagãos. Pelo contrário, ele estava criando um povo que seria santo, separado – um povo que daria testemunho do caráter de Deus por imitá-lo, seguindo a justiça e a retidão.

Por conseguinte, começando no versículo 20, ouvimos o anúncio de Deus a Abraão:

> Disse mais o SENHOR: Com efeito, o clamor de Sodoma e Gomorra tem-se multiplicado, e o seu pecado se tem agravado muito. Descerei e verei se, de fato, o que têm praticado corresponde a esse clamor que é vindo até mim; e, se assim não é, sabê-lo-ei. Então, partiram dali aqueles homens e foram para Sodoma; porém Abraão permaneceu ainda na presença do SENHOR. E, aproximando-se a ele, disse: Destruirás o justo com o ímpio?

Há drama nesta passagem. Deus afirma: "Visitarei Sodoma e Gomorra porque ouvi um grande clamor a respeito da severidade de sua impiedade e da grandeza de seu mal". Isso significa que Deus visitaria as cidades com juízo. Ele sabia o que estava acontecendo ali, porque é onisciente. Não tinha necessidade de realizar uma investigação ocular para saber a verdade a respeito deste assunto.

Abraão entendeu com clareza que a intenção de Deus era exercer juízo, pois se aproximou de Deus com argumentação teológica. Abraão é realmente o pai dos fiéis

— é o venerável patriarca do Antigo Testamento, um homem segundo o coração de Deus, um porta-voz da justiça, bondade e verdade. Portanto, esperaríamos que Abraão fosse um teólogo melhor do que ele indicou com a pergunta apresentada a Deus. Nunca esperaríamos que Abraão, em seu status elevado como patriarca do Antigo Testamento, fizesse a Deus uma pergunta que era uma forma de blasfêmia disfarçada superficialmente.

No entanto, Abraão fez isso mesmo. Ele perguntou: "Destruirás o justo com o ímpio?" Em outras palavras, Abraão estava perguntando: "Deus, quando trouxer o seu julgamento sobre Sodoma e Gomorra, o Senhor destruirá tanto o inocente como o culpado?" Fazer esse tipo de pergunta significa saber a própria resposta no que concerne a Deus.

Quando eu era criança, e ainda não era cristão, tinha alguns ideais. Entre esses estava o sonho de justiça e paz para todos; eu odiava a injustiça. Em uma ocasião, quando estava no ensino básico, um de meus amigos, David King, acendeu uma bombinha na sala de aula, quando a professora virou as costas para a classe. Quando a bombinha explodiu, fez um barulho ensurdecedor. A professora pulou, deixou cair o giz, virou-se para a classe horrorizada. Ele perguntou imediatamente: "Então, quem fez isso?" Ninguém sabia quem o fizera, mas a maioria podia imaginar quem era o culpado.

A professora também tinha uma boa idéia, porque David tinha uma reputação quanto a esse tipo de brincadeira. Eu me sentava no fundo da sala, perto de David, e estava certo de que ele fizera aquilo. No entanto, havia um código — você não "dedura" o seu amigo. Por causa disso, quando a professora perguntou quem explodira a bombinha, ninguém confessou. Ela fez toda a classe permanecer na sala depois do tempo de aula, até que alguém confessasse ou assumisse a culpa. Aquilo me incomodou. A punição aplicada foi um recurso eficiente no que diz respeito à pedagogia e à disciplina, mas me deixou perturbado porque não foi justa. A fim de identificar o culpado, nossa professora puniu as pessoas inocentes que não sabiam quem praticara o erro e não estavam envolvidas nele. Foram obrigadas a permanecer depois das aulas, perdendo sua liberdade por causa da estratégia da professora. O que a professora fez pode ter sido eficiente e prático, mas não foi justo.

Deus não é um professor frustrado. Ele é onisciente. Não tem de usar artifícios para achar o culpado. Ele é justo e reto; por isso, nunca punirá o inocente. Abraão devia saber disso. A sua pergunta foi um insulto a Deus.

Em seguida, Abraão começou a negociar e barganhar com Deus. Começando em Gênesis 18.24, lemos o que ele disse:

> Se houver, porventura, cinqüenta justos na

cidade, destruirás ainda assim e não pouparás o lugar por amor dos cinqüenta justos que nela se encontram? Longe de ti o fazeres tal coisa, matares o justo com o ímpio, como se o justo fosse igual ao ímpio; longe de ti. Não fará justiça o Juiz de toda a terra?

Agora a minha confiança em Abraão é restaurada. Depois de fazer aquela pergunta ridícula: "Destruirás o justo com o ímpio?", Abraão falou de maneira correta. Ele disse: "Longe de ti o fazeres tal coisa, matares o justo com o ímpio, como se o justo fosse igual ao ímpio". Ora, a sua teologia estava correta, embora eu tenha de questionar se Abraão compreendeu totalmente quão longe estaria de Deus o fazer tal coisa injusta. Por meio de sua pergunta retórica: "Não fará justiça o Juiz de toda a terra?", Abraão mostrou que o Juiz de toda a terra fará o que é justo, porque isso é tudo que o Juiz de toda a terra sabe fazer.

Em seguida, Deus confirmou a crença de Abraão, quando assegurou ao patriarca que, em sua misericórdia e bondade, estava disposto a poupar toda a cidade, se fossem achados ali cinqüenta justos. Ele disse: "Serei misericordioso até para com o culpado. Em vez de punir o inocente, permitirei que o culpado seja poupado, a fim de proteger o inocente".

Em meados dos anos 1990, houve nos Estados Unidos

um profundo interesse no julgamento de assassinato que pesava sobre O. J. Simpson. As pessoas ficavam cada vez mais irritadas à medida que se desenrolava o julgamento. Muitas pessoas estavam evidentemente convencidas de que ele era culpado e desejam que fosse encarcerado. Mas aquele julgamento, talvez mais do que qualquer outro, ressaltou um princípio do sistema de justiça criminal dos Estados Unidos que coloca a exigência da prova diretamente sobre a promotoria, exigindo que as acusações sejam provadas acima de "qualquer dúvida razoável", para proteger o inocente. No sistema de justiça americano, reconhecemos que não somos infalíveis nem oniscientes; não sabemos sempre com certeza quem cometeu um crime. Se vamos errar, diz o sistema, devemos errar em direção à clemência e não à severidade.

Mas Abraão não ficou satisfeito com a promessa de Deus, de que outorgaria clemência a todos por amor aos cinqüenta justos. No versículo 27, lemos que ele continuou, dizendo:

> Eis que me atrevo a falar ao Senhor, eu que sou pó e cinza. Na hipótese de faltarem cinco para cinqüenta justos, destruirás por isso toda a cidade? Ele respondeu: Não a destruirei se eu achar ali quarenta e cinco. Disse-lhe ainda mais Abraão: E se, porventura, houver ali quarenta? Respondeu:

Não o farei por amor dos quarenta. Insistiu: Não se ire o Senhor, falarei ainda: Se houver, porventura, ali trinta? Respondeu o Senhor: Não o farei se eu encontrar ali trinta. Continuou Abraão: Eis que me atrevi a falar ao Senhor: Se, porventura, houver ali vinte? Respondeu o Senhor: Não a destruirei por amor dos vinte. Disse ainda Abraão: Não se ire o Senhor, se lhe falo somente mais esta vez: Se, porventura, houver ali dez? Respondeu o Senhor: Não a destruirei por amor dos dez. Tendo cessado de falar a Abraão, retirou-se o Senhor; e Abraão voltou para o seu lugar.

A Bíblia nos diz que Deus não pôde achar dez justos entre todos os habitantes daquelas cidades. Como resultado, o juízo de Deus lhes sobreveio. E isso não aconteceu porque Deus é cruel, severo e não tem amor. Aconteceu porque ele é justo e reto.

Com toda a justiça, esse julgamento deveria ser o destino de toda a raça humana. Não havia dez justos em Sodoma, e não há em nenhum lugar do mundo. Romanos 3.10 nos diz: "Não há justo, nem um sequer". Todos os homens têm ofendido à justiça de Deus e merecem a ira divina.

Portanto, a necessidade da expiação de Cristo acha sua origem, primeiramente, no caráter de Deus, porque ele é santo e justo. Não pode desculpar o pecado. Antes, ele tem de exercer juízo contra o pecado. Portanto, Deus tem de punir os pecadores – ou prover um meio de expiar o pecado deles.

CAPÍTULO 3

DEVEDORES, INIMIGOS E CRIMINOSOS

Há alguns anos, recebi um exemplar gratuito de uma coleção de citações recém-publicada, muito semelhante a *Bartlett's Familiar Quotations*. Embora tenha me alegrado em recebê-la, não tinha a menor idéia do que recebera, até que, folheando as páginas de citações de Emanuel Kant, John Stuart Mill, Platão, Tomás de Aquino e Agostinho, deparei-me, em total surpresa, com uma citação de minha autoria. Nunca imaginei que aquela afirmação fosse particularmente significativa. No entanto, alguém a julgou tão significativa que merecia ser incluída naquele livro. A citação era: "O pecado é uma traição universal".

Com essas palavras, eu estava querendo comunicar a seriedade do pecado humano. Raramente separamos tempo para pensar nas ramificações do pecado. E deixamos de compreender que, até mesmo nos mais leves pecados que cometemos, tais como pequenas mentiras brancas e pecadilhos, estamos transgredindo a lei do Criador do universo. Nos menores pecados, desafiamos o direito de Deus em governar e reger sua criação. Em vez disso, procuramos usurpar para nós mesmos a autoridade e o poder que pertence apropriadamente a Deus. Até o menor pecado ofende a santidade, a glória e a retidão de Deus. Todo pecado, não importante quão insignificante ele pareça, é um ato de traição contra o Rei do cosmos.

Há dois aspectos desse único problema que temos de entender, se temos de assimilar a necessidade da expiação realizada por Cristo. No capítulo anterior, vimos um dos aspectos – Deus é justo. Em outras palavras, ele não pode tolerar a injustiça. Tem de fazer o que é certo. Mas referi-me também ao outro aspecto do problema – ofendemos a justiça de Deus e obtemos seu desprazer. Somos traidores. Temos de reconhecer esse problema em nós mesmos, se queremos assimilar a necessidade da expiação na cruz.

"Traição universal" é uma caracterização possível do pecado, mas a Bíblia apresenta várias outras descrições que esclarecem a necessidade da cruz e o que Cristo realizou nela. De fato, há três maneiras distintas pelas quais o pecado da raça humana é descrito e apresentado na Bíblia – ele é chamado uma dívida, um estado de inimizade e um crime. Ao usar essas descrições, a Bíblia nos ajuda a ver o nosso pecado em todo o seu horror.

Primeiramente, o pecado é caracterizado como uma dívida. Vemos essa qualificação do pecado mais claramente na oração que Jesus ensinou aos seus discípulos, quando os instruiu que pedissem: "Perdoa-nos as nossas dívidas, assim como nós temos perdoado aos nossos devedores" (Mt 6.12). Depois, ele ensinou por meio da parábola do servo incompassível que os cristãos têm a obrigação de perdoarem as dívidas dos outros, porque Deus perdoou as dívidas deles (Mt 18.21-35).

Para que entendamos todas as implicações do que as Escrituras estão dizendo quando nos ensinam que o homem incorre em dívida por causa de seu pecado, temos de entender o papel de Deus como Soberano Senhor do universo. Quando falamos sobre a soberania de Deus, estamos nos referindo à sua autoridade. A palavra *autoridade* contém em si mesma outra palavra – *autor*. Visto que Deus é o Autor de todas as coisas, ele tem autoridade sobre tudo que criou.

Talvez estou argumentando o que é óbvio, mas observo que, em nossa cultura, há muita confusão sobre a natureza da autoridade. Quando falamos sobre autoridade devidamente constituída, estamos falando sobre uma pessoa ou uma função que possui o direito de impor obrigação. Se estou sob a autoridade de alguém, essa pessoa tem o direito de impor obrigações sobre mim. Logo, se ele ou ela profere uma ordem moralmente correta para mim, sou responsável por cumprir essa ordem. De modo semelhante, estamos sob a autoridade de Deus pelo fato de que Ele é o autor de todas as coisas e possui o direito intrínseco e absoluto de impor-nos obrigações. Quando ele faz isso, nós lhe "devemos" obediência. Se deixamos de cumprir as obrigações que ele nos impõe, incorremos em dívida. Portanto, de conformidade com esse entendimento do pecado, Deus é o Credor, e nós, os devedores.

Uma coisa é ser devedor e estar em um programa de quitação da dívida, por meio do qual pagamos um pouco de cada vez. Mas a dívida que temos em relação à obediência para com Deus é impossível de ser quitada mediante qualquer plano de prestações. Por quê? Para respondermos essa pergunta, temos de entender a natureza da obrigação que Deus impõe às suas criaturas. Quão justos devemos ser? Quão santos somos chamados a ser? Deus requer obediência perfeita, perfeição impecável.

Este é o âmago do problema. Se sou responsável por ser perfeito, e cometo um só pecado, o que tenho de fazer para ser perfeito? Quanto interesse eu devo acrescentar ao principal, a fim de compensar o erro? O que tenho de fazer para ser perfeito, depois de haver me tornado imperfeito? Em termos simples, isso é impossível. Uma vez que pecamos, nos tornamos como Lady Macbeth, que, depois de haver manipulado seu marido para cometer um assassinato, não pôde apagar aquela mancha indelével. De modo semelhante, não podemos quitar nosso débito de pecado.

Na cultura moderna, tentamos fugir do desespero dessa situação por declararmos que todos merecem uma segunda chance. Minha resposta é: quem disse isso? A justiça exige que todos recebam uma segunda chance? Uma segunda chance é graça. É misericórdia. Graça e misericórdia *nunca* são merecidas. Portanto, é um absurdo dizer que alguém merece uma segunda chance. Contudo, ainda que essa condição hipotética e ilógica fosse verdadeira, que bem ela nos faria? Há quanto tempo já exaurimos a nossa segunda chance?

Nosso problema não é que somos quase criaturas morais impecáveis que têm manchinhas que sujam nosso registro perfeito. Pelo contrário, as Escrituras nos descrevem como terrivelmente inadequados em termos de nossa obediência para com Deus. A verdade é que não somos apenas contaminados por um pecadilho cometido de vez em quando. Incorremos em uma dívida que não podemos pagar.

Se alguém dissesse: "Sr. Sproul, o senhor nos deve dez mil dólares. Portanto, estabeleceremos um programa pelo qual poderá quitar seu débito", poderia lidar bem com isso. Todavia, o que eu faria se me dissessem: "Você nos deve dez bilhões de dólares e tem de pagar-nos em três dias"? Eu poderia pagar essa dívida? Talvez, porém é mais provável que eu não conseguiria arranjar esse dinheiro. No caso de minha dívida para com Deus, não há qualquer possibilidade de que eu seja capaz de pagar o que devo. Não há nenhuma maneira de nenhum de nós pagar essa dívida.

Em segundo, com base na perspectiva bíblica, o pecado é considerado uma expressão de *inimizade*. Em outras palavras, o pecado pode ser entendido como uma violação do relacionamento pessoal que os seres humanos deveriam ter com o seu Criador. Quando pecamos, expressamos falta de amor, afeição ou devoção ao nosso Criador. Em vez de manifestarmos essas coisas, nós o rejeitamos e declaramos nossa hostilidade para com ele.

É importante entendermos que Deus não demonstra qualquer inimizade para conosco. Ele nunca quebrou qualquer aliança. Nunca fez uma promessa que deixou de cumprir. Jamais tratou injustamente os seres humanos neste mundo. Nunca nos injuriou como criaturas. Em resumo, ele tem cumprido perfeitamente a sua parte do relacionamento. Nós somos aqueles que romperam o relacionamento da criatura com o Criador. Por meio de nosso pecado, nos mostramos inimigos de Deus. No que diz respeito à inimizade, Deus é a parte prejudicada, a parte injuriada.

Ora, as pessoas dizem: "Isso é simples. Aprendemos isso

na igreja". No entanto, todos os dias encontro pessoas que estão profundamente iradas contra Deus, porque acham que ele não lhes tem dado um quinhão justo. "Como Deus pode ter deixado isso acontecer comigo?" – é a queixa. A afirmação oculta nessas palavras é: "Se Deus fosse realmente bom, se fosse realmente justo, reconheceria o meu merecimento e me trataria de conformidade com isso. Ele me daria mais do que eu tenho. Deus não é justo". Esse sentimento de que Deus nos tem prejudicado de alguma maneira está alojado profundamente em nosso ser.

Neste mundo, há abundância de injustiça entre as pessoas. Uma pessoa mente para a outra, engana ou ofende a outra. No plano horizontal, há muita injustiça. Mas, quanta injustiça ocorre no sentido vertical, de Deus para o homem? Se alguém me ofende e me torna vítima de sua atitude injusta, eu posso dizer a Deus: "Ó Deus, vingue-me dessa pessoa, vindica-me, restaura-me, livra-me da ação injusta dessa pessoa para comigo". Contudo, é legítimo alguém dizer: "Deus, o fato de que permitiste que ele cometesse injustiça para comigo é injusto de tua parte"? Não. Neste mundo, jamais me acontece alguma coisa que seria uma razão justa para prejudicar a integridade do caráter de Deus, em termos de nosso relacionamento. Ele, e não nós, é a parte injuriada.

De acordo com as Escrituras, temos agido de um modo

que rompe o nosso relacionamento com Deus. Praticamos e manifestamos nossa inimizade por meio de desobediência contínua. Ele é gravemente entristecido por nossas ofensas. Fica irado com nosso pecado. E, como resultado, há alienação entre o homem e Deus.

Em terceiro, na Bíblia o pecado é caracterizado como um *crime*. Na tradição presbiteriana clássica, temos uma definição de pecado. O Breve Catecismo de Westminster, na pergunta 14, diz: "O que é o pecado?" E, em seguida, apresenta esta resposta: "O pecado é qualquer falta de conformidade com, ou transgressão de, a lei de Deus". As expressões *falta de conformidade com* e *transgressão de* indicam um fracasso em guardar a lei de Deus. Logo, nesse sentido, o pecado é um crime.

Como vimos antes, quando consideramos o pecado como uma dívida, temos um dever de obedecer a Deus, pois ele tem autoridade sobre nós por nos haver criado. Essa autoridade outorga a Deus o direito de impor-nos obrigações. Ele as impõe por meio das exigências que faz em termos de nossa obediência. Deus não governa por referendos ou plebiscitos. Nem dá sugestões ou recomendações. Ele dá ordens — "Farás..." ou "Não farás..." — que chamamos de lei incontestável que flui de sua autoridade e soberania absolutas.

Quando Deus proclama uma lei, quando prescreve um tipo de comportamento, é nosso dever, como criaturas, fazer como ele diz. Uma obrigação moral de conformar-nos com essa lei é-nos imposta com justiça da parte dEle. Quando não nos conformamos, transgredimos essa lei, e isso significa que estamos cometendo um crime aos olhos de Deus. Quando um crime é cometido, a justiça de Deus é violada, e somos dignos de punições.

De conformidade com esse entendimento do pecado, Deus age como Juiz. Quando deixamos de cumprir nossas obrigações, Deus está obrigado a trazer juízo sobre nós. Como Abraão reconheceu, o Juiz de toda a terra deve fazer o que é certo. Um juiz justo, um juiz bom não é aquele que deixa o crime impune. Deus é, acima de tudo, um Deus de lei e ordem. Ele não somente proclama leis, mas também as impõe. Por conseguinte, se cometemos o menor pecado, estamos em apuros. Deus é justo, e sua justiça exige que o pecado seja punido.

No capítulo anterior, observei que Anselmo enfatizou o argumento de que a justiça e a retidão constituíam a necessidade primária da cruz. De acordo com Anselmo, cada uma das três caracterizações que consideramos — uma dívida, um estado de inimizade, um crime — são uma violação da retidão divina, que necessita de satisfação. Quando incorremos em dívida, porque não satisfazemos uma obrigação para com Deus, essa dívida tem de ser redimida — ou seja, as exigências têm de ser cumpridas de maneira satisfatória. Quando o pecado cria inimizade e alienação, as exigências que acabam com essa alienação e produzem reconciliação têm de ser satisfeitas. Quando cometemos um crime contra Deus, a sua justiça tem de ser satisfeita — tem de ser cumprido ou dado uma penalidade ou um pagamento que satisfaça as exigências da justiça divina, pois, do contrário, ela ficará comprometida. Vemos que o âmago do entendimento da expiação de Anselmo é este conceito de satisfação.

Como essa satisfação pode ser realizada? Ela é realizada por outro ator no drama da expiação — o Senhor Jesus Cristo. Para cada caracterização bíblica do pecado, Jesus cumpre um papel crucial. Resumimos os papéis de cada ator desta maneira:

O pecado como...	Homem	Deus	Cristo
Dívida	Devedor	Credor	Fiador
Inimizade	Inimigo	Prejudicado	Mediador
Crime	Criminoso	Juiz	Substituto

Quando o pecado é apresentado como uma dívida, o Novo Testamento chama a Cristo de nosso Fiador (Hb 7.22). Esse é um termo financeiro, assim como o vocábulo *dívida*. Ao usar essa linguagem, a Bíblia nos diz que Cristo é aquele que assina conosco a nota de débito. Cristo é aquele que permanece lá, endossando nossa dívida, tomando sobre si mesmo as exigências do que tem de ser pago.

No que diz respeito à caracterização do pecado como uma expressão de inimizade, o papel que Cristo cumpre é o de Mediador. Nos conflitos humanos, o mediador é uma pessoa que se interpõe entre as partes opositoras para uni-las. Chamamos isso de reconciliação; é exatamente isso que Cristo faz. Ele reconcilia o homem com Deus. Como o apóstolo Paulo escreveu: "Deus estava em Cristo reconciliando consigo o mundo" (2 Co 5.19).

Quando o pecado é caracterizado como crime, vemos que Cristo é aquele que sofre realmente o juízo no drama da expiação. Ele age como o Substituto, aquele que assume o lugar dos verdadeiros criminosos — você e eu.

Portanto, Cristo é aquele que faz a satisfação. Por meio de sua obra na cruz, Cristo satisfez as exigências da justiça de Deus em relação à nossa dívida, nosso estado de inimizade e nosso crime. À luz da realidade da justiça de Deus e de nossa pecaminosidade, não é difícil percebermos a absoluta necessidade de expiação.

Temos de estar certos de que entendemos como Jesus age neste papel crucial. É comum encontrarmos grandes distorções do conceito bíblico de expiação. Por exemplo, de acordo com uma opinião popular, Deus, o Pai, está irado contra o homem, mas Deus, o Filho, se identifica tão intimamente com nosso estado caído, que, em essência, ele se coloca ao nosso lado em nossa necessidade e age como nosso Mediador para acalmar a ira do Pai. O Pai está prestes a punir todos e mandá-los para o inferno, mas o Filho diz: "Castigue a mim e não a eles. Deixe-me tomar o lugar deles. Permita-me não somente mediar a discussão, mas também absorver a ira. Acumule sobre mim a sua ira". Conforme essa opinião, há uma tensão ou uma divisão na própria Divindade, como se o Pai tivesse uma agenda e o Filho o persuadisse a mudar de idéia.

Isso talvez pareça um cenário ridículo, mas é uma objeção séria suscitada em um nível técnico por teólogos sofisticados. É também uma crença prevalecente e difundida entre os cristãos, talvez pelo fato de que o Filho pareça mais amável, paciente e compassivo do que o Pai. Neste sentido, os cristãos evangélicos tendem a ser unitarianos da segunda pessoa da Trindade. Há muita afeição calorosa por Jesus, mas o Pai é quase totalmente ignorado na devoção, meditação e liturgia cristã.

Quero descrever o quadro bíblico pelo uso do seguinte cenário. Imagine que eu procure um amigo e lhe diga: "Don, estou em problemas. Preciso emprestar dez mil dólares. Você os emprestaria para mim?" Ele responde: "Com certeza". Ele me empresta o dinheiro, e entendo que agora lhe devo dez mil dólares. Temos um acordo perfeitamente legal e ético. Infelizmente, acordo certa manhã e descubro que não posso pagar-lhe tal quantia. Agora, estou em grande dificuldade. Todavia, minha irmã diz: "Não se preocupe, eu pagarei os dez mil dólares"; e paga o dinheiro que devo. Agora, não devo nada a Don. Minha dívida foi cancelada 100%. De fato, ele tem de receber aqueles dez mil dólares em pagamento da dívida, porque a única responsabilidade que tenho para com ele é pagar o dinheiro. É assim que uma dívida opera.

Mas suponha que eu arrombe a casa de Don e roube os dez mil dólares. Don vem para casa, percebe a falta do dinheiro e chama a polícia. A polícia acha minhas impressões digitais, me procura e acha o dinheiro comigo; e leva-me detido. Eu poderia dizer: "Sinto muito pelo que aconteceu. Peguem o dinheiro. Devolvam-no a Don, e esqueçamos o caso". Ou talvez eu gaste o dinheiro antes de me apanharem, mas a minha irmã aparece e diz: "Esperem um momento; eu lhe darei os dez mil dólares". Em ambas as situações, Don não está obrigado a receber o dinheiro e esquecer o que se passou, porque eu não somente incorri em uma dívida para com ele, mas também cometi um crime contra ele, injuriando-o como pessoa. Ele tem o direito de decidir se vai aceitar o pagamento e recusar-se a insistir nas acusações — porque foi ele quem sofreu o erro.

Quando Jesus se ofereceu para realizar satisfação por mim, a fim de que o pagamento fosse aceito, Deus, o Pai, que é o meu

Credor, aquele a quem eu havia ofendido e meu Juiz, teve de resolver e decretar que aceitaria esse pagamento de outrem em meu favor. Em outras palavras, se devo a Deus a penalidade de morte porque pequei contra ele, e Jesus diz: "Eu morrerei em favor desse criminoso" e entrega sua vida por mim, o Pai estaria sob qualquer obrigação de aceitar esse pagamento? Não. Primeiramente, tem de haver um julgamento anunciando por parte do Governador do universo que proclamará o fato de que aceitará um pagamento substitutivo em favor de minha dívida, minha inimizade, meu crime.

Como sabemos, Deus aceitou realmente o pagamento vicário de Jesus em nosso favor. Portanto, entendemos que houve uma decisão anterior do Pai fundamentada na graça espontânea. Em algum momento antes de existir tempo, Deus tomou a decisão de que aceitaria a satisfação feita pelo Filho. Podemos pensar que o Filho é mais amável do que o Pai; mas, de quem foi a idéia de que devíamos ter um Mediador? Quem enviou o Mediador? As Escrituras declaram: "Porque Deus amou ao mundo de tal maneira que deu o seu Filho unigênito" (Jo 3.16). Deus, o Pai, aquele que foi ofendido por nosso pecado, enviou o Filho para ser o Mediador que nos reconciliaria consigo mesmo.

Nestes dias, os teólogos tendem a repudiar a percepção de Anselmo e a pensar menos em um Deus que exige satisfação.

De muitas maneiras, eles rejeitam todo o conceito de satisfação. Mas, ao lermos o Novo Testamento, quase todas as suas páginas nos levam de volta a este conceito. Como Paulo disse em Romanos, ao explicar a doutrina da justificação, Deus resolveu manifestar "a sua justiça no tempo presente, para ele mesmo ser justo e o justificador daquele que tem fé em Jesus" (Rm 3.26). A cruz é isto – uma manifestação da justiça e da misericórdia de Deus. É por virtude da expiação que Deus pode manter sua justiça e demonstrar sua misericórdia, provendo satisfação para aqueles devedores que não podiam pagar sua dívida, aqueles inimigos que não podiam achar reconciliação para superar a sua alienação e aqueles criminosos que não podiam pagar por seus crimes.

Deus diz: "A justiça será feita. A dívida será paga por completo. O crime será punido". Ele não negocia a sua justiça, de maneira alguma. O fato de que minha dívida foi paga, as exigências de reconciliação, satisfeitas, e a punição de meu crime, dada ao meu Substituto mostra que na cruz vemos a perfeita justiça com perfeita misericórdia. Na substituição que ocorreu na cruz, vemos a gloriosa graça de Deus – a própria vida da fé cristã.

Capítulo 4

Resgatados do Alto

Na vida de Jesus, especialmente quando ele chegava ao final de seu ministério terreno, deve ter havido ocasiões em que, no tocante à sua natureza humana, ele se sentiu frustrado. Por exemplo, quando fez sua última viagem da Galiléia para Jerusalém, ele focalizou constantemente sua atenção na hora vindoura, preparando os seus discípulos para o fato de que se dirigia a Jerusalém para morrer. Mas, por alguma razão, isso não era claro para eles.

Veja como o evangelho de Marcos relata um dos incidentes daquela viagem:

> Estavam de caminho, subindo para Jerusalém, e Jesus ia adiante dos seus discípulos. Estes se admiravam e o seguiam tomados de apreensões. E Jesus, tornando a levar à parte os doze, passou a revelar-lhes as coisas que lhe deviam sobrevir, dizendo: Eis que subimos para Jerusalém, e o Filho do Homem será entregue aos principais sacerdotes e aos escribas; condená-lo-ão à morte e o entregarão aos gentios; hão de escarnecê-lo, cuspir nele, açoitá-lo e matá-lo; mas, depois de três dias, ressuscitará.
>
> Mc 10.32-34

Esse foi um aviso extremamente solene. Mas, depois de Jesus falar essas palavras, Tiago e João apareceram e pediram a Jesus que os fizesse assentar à sua direita e à sua esquerda, em glória. Essa foi uma variação da argumentação permanente dos discípulos a respeito de qual deles era o maior. Enquanto Cristo se preparava para entrar em sua grande paixão, seus amigos íntimos argumentavam sobre a herança.

Foi nesse contexto que Jesus disse algo significativo para o nosso entendimento da expiação. Ele disse:

> Sabeis que os que são considerados governadores dos povos têm-nos sob seu domínio,

e sobre eles os seus maiorais exercem autoridade. Mas entre vós não é assim; pelo contrário, quem quiser tornar-se grande entre vós, será esse o que vos sirva; e quem quiser ser o primeiro entre vós será servo de todos. Pois o próprio Filho do Homem não veio para ser servido, mas para servir e dar a sua vida em resgate por muitos.

Mc 10.42b-45.

Em sua aparente frustração, Jesus estava tentando mostrar aos discípulos qual era a essência de seu ministério. Estava se esforçando para afirmá-lo de modo sucinto e vívido, para que seus discípulos, de entendimento obscurecido, compreendessem de uma vez por todas o que ele faria. Jesus disse que não viera para que outros o servissem, e sim para que os servisse, por entregar sua vida como um *resgate*.

A palavra grega que Marcos empregou nesta passagem é interessante. No estudo do grego, o primeiro verbo que uma pessoa geralmente aprende é *luo*, que significa "soltar, libertar, desatar". *Luo* é a raiz da palavra *lutron*, que Marcos empregou nesta passagem. Resgate é uma boa tradução de *lutron*, porque um resgate está relacionado com soltar alguma coisa, deixar livre algo que está mantido em cativeiro.

Quando pensamos em um resgate, tendemos a pensar

em um seqüestro. Nesse contexto, um resgate é um pagamento monetário que alguém exige em troca da libertação de outrem que é mantido cativo. A idéia de um resgate tinha essa mesma conotação no mundo antigo, mas um resgate também poderia ser um preço pago para livrar um escravo da servidão ou deixar livres reféns que eram presos em conflitos militares.

Embora a palavra *resgate* não seja usada freqüentemente nas Escrituras, o conceito de um resgate está por trás do amplo termo bíblico *redenção*. Nas especificações bíblicas, um *redentor* é alguém que age para libertar outro. Assim, Deus é chamado o Redentor de Israel, quando liberta o seu povo da escravidão no Egito. A história do êxodo é uma história de redenção.

Isso nos traz de volta à cruz. Ali Jesus tornou-se expiação por seu povo, satisfazendo as exigências da justiça de Deus. Como já vimos, a expiação é um acontecimento que tem diversos aspectos — Jesus é mostrado como aquele que provê fiança à nossa dívida para com Deus, aquele que faz mediação entre nós e Deus e aquele que se oferece como substituto para sofrer o juízo de Deus em nosso lugar. No entanto, ele também é apresentado no Novo Testamento como aquele que redime seu povo da escravidão, tornando-o livre por oferecer-se a si mesmo como resgate.

Essa obra era o próprio âmago da missão de Jesus. Lembramos que no início de seu ministério, Jesus entrou na sinagoga de Nazaré e leu o texto de Isaías 61.1-2, dizendo:

> O Espírito do Senhor está sobre mim, pelo que me ungiu para evangelizar os pobres; enviou-me para proclamar libertação aos cativos e restauração da vista aos cegos, para pôr em liberdade os oprimidos, e apregoar o ano aceitável do Senhor.
> (Lc 4.18-19)

Esta profecia expressa o caráter do ministério do Messias, que deveria incluir a libertação de cativos. Em outras palavras, Jesus estava dizendo que viera para libertar aqueles que estavam em servidão. Ele faria isso pagando um resgate.

Temos de ser cuidadosos neste assunto. Uma das opiniões a respeito da expiação que tem lutado por aceitação na história da igreja é conhecida como "a teoria do resgate", mas essa teoria tem sido articulada de duas maneiras diferentes, geralmente conflitantes. A primeira defende que pela transação ocorrida na cruz Jesus pagou um resgate a Satanás, porque este mantinha sob servidão o homem caído. Em outras palavras, Satanás era o seqüestrador que nos mantinha distante da casa de nosso Pai; Cristo veio e pagou o resgate ao Diabo, para nos libertar.

É fácil entender como essa teoria pode ter se desenvolvido. Afinal de contas, quem habitualmente estabelece o resgate? Ele não é estabelecido por uma diretoria de negócios que aparece e determina o valor de mercado. O preço do resgate é estabelecido inicialmente pelo seqüestrador, o detentor do cativo ou o guardador do refém. Ele determina o preço do resgate. E compete àqueles que tentam libertar a pessoa seqüestrada, o cativo ou o prisioneiro de guerra, decidirem se atribuem ao cativo valor suficiente que justifique o resgate. Pelo fato de que o Novo Testamento fala sobre o homem caído como um ser que está em servidão ao pecado e pelo fato de que Satanás é o inimigo de Deus e o tentador, é fácil nos precipitarmos na conclusão de que Satanás nos mantém sob servidão e exige um resgate da parte de Deus.

A Bíblia claramente nos chama a atenção ao elemento *Christus Victor* da expiação. Esse é um dos aspectos da obra de Cristo pela qual ele realizou uma vitória completa sobre os principados e potestades, derrotando o Diabo e acabando com o seu poder sobre nós. Vemos o conflito entre Jesus e Satanás desde o início do ministério de Jesus, quando o Espírito o levou ao deserto para ser tentado pelo Diabo. Jesus resistiu às tentações, mas Lucas nos diz que, ao findarem as tentações, o Diabo "apartou-se" de Jesus "até momento oportuno" (Lc 4.13). Satanás entrou em retiro, mas não um retiro permanente. Foi o que poderíamos chamar de afastamento estratégico, para que pudesse achar uma ocasião melhor para lançar outro ataque contra Cristo. Esse conflito se desenrolou durante todo o ministério de Jesus.

No entanto, Cristo obteve na cruz a vitória sobre Satanás.

Aconteceu como Deus havia declarado nos primeiros dias da raça humana. Depois que Adão e Eva pecaram, Deus se aproximou deles, pronunciou-lhes maldição e, voltando-se para a serpente, disse: "Porei inimizade entre ti e a mulher, entre a tua descendência e o seu descendente. Este te ferirá a cabeça, e tu lhe ferirás o calcanhar" (Gn 3.15). Essa proclamação era o proto-evangelho, o primeiro evangelho que foi pregado. Os escritores do Novo Testamento interpretaram essas palavras no sentido de que tiveram sua realização na morte de Cristo, pois na cruz Cristo esmagou a cabeça de Satanás, embora no processo ele tenha experimentado o sofrimento da morte. Mas ele ressuscitou do sepulcro pelo poder de Deus, obtendo vitória absoluta. "Despojando os principados e as potestades, publicamente os expôs ao desprezo, triunfando deles na cruz" (Cl 2.15).

Entretanto, a verdade do conflito entre Cristo e Satanás não significa que o resgate sobre o qual Cristo falou foi pago a Satanás. Pense nisso por um momento. Se Cristo pagou um resgate para que Satanás nos libertasse de seu poder, quem foi o vitorioso? Habitualmente, o seqüestrador não quer ter a posse permanente de sua vítima. Pelo contrário, ele quer o resgate que poderá obter em troca da libertação de seu refém. Se recebe o resgate, ele vence. Portanto, se o resgate foi pago a Satanás, ele ficou muito feliz pelo que conseguiu. E não há nenhum *Christus Victor*. Há um *Satanus Victor*.

Concordo com a outra expressão da teoria do resgate. Ela afirma que o resgate foi pago não a Satanás e sim a Deus, porque Deus é aquele que tinha de ser satisfeito. Quando a Bíblia fala sobre resgate, ela diz que o resgate foi pago não a um criminoso, e sim àquele a quem era devido o preço da redenção, a parte ofendida em tudo que diz respeito ao pecado – o Pai. Jesus não negociou a nossa salvação com Satanás. Ele se ofereceu a si mesmo como pagamento ao Pai em nosso favor. Ao oferecer-se a si mesmo, Jesus realizou a redenção de seu povo, redimindo-o da servidão.

O tema de resgate e redenção é freqüentemente ignorado, mas está profundamente arraigado nas Escrituras. Para entendê-lo, devemos volver nossa atenção a algumas passagens bíblicas que talvez nos pareçam estranhas. Na primeira dessas passagens, Êxodo 21.1-6, Deus ordenou a Moisés que instruísse o povo de Israel assim:

> São estes os estatutos que lhes proporás: Se comprares um escravo hebreu, seis anos servirá; mas, ao sétimo, sairá forro, de graça. Se entrou solteiro, sozinho sairá; se era homem casado, com ele sairá sua mulher. Se o seu senhor lhe der mulher, e ela der à luz filhos e filhas, a mulher e seus filhos serão do seu senhor, e ele sairá sozinho. Po-

rém, se o escravo expressamente disser: Eu amo meu senhor, minha mulher e meus filhos, não quero sair forro. Então, o seu senhor o levará aos juízes, e o fará chegar à porta ou à ombreira, e o seu senhor lhe furará a orelha com uma sovela; e ele o servirá para sempre.

O que a Bíblia está dizendo nesta ordem? Esta passagem é inegavelmente estranha à cultura ocidental do século XXI. Alguns de nós talvez julguemos essas palavras ofensivas porque constituem a lei bíblica referente a servos e pensávamos que a Bíblia advogava a redenção da escravidão. Bem, essa era uma escravidão diferente daquela com que estamos familiarizados — a escravidão que pega inesperadamente uma pessoa, separa-a do cônjuge, dos filhos e coloca-a em correntes e algemas. Isso não é o que estava sendo abordado nesta passagem de Êxodo. A escravidão aqui referida é um tipo de servidão contratada.

Consideremos o contexto histórico para esse tipo de servidão. Em primeiro lugar, os judeus não tinham permissão de escravizar outros judeus da mesma maneira como pessoas eram tomadas cativas nas conquistas militares. Contudo, em Israel havia prescrições para a servidão contratada. Essas especificações baseavam-se na situação econômica do momento. Se uma pessoa incorria em dívida que não podia pagar, ela não era lançada na prisão. Em vez disso, ela se comprometia por contrato com a pessoa credora, tornando-se um servo a fim de quitar a dívida por meio do seu trabalho. Se tivesse uma dívida grande, talvez precisasse de alguns anos para saldá-la. Todavia, as leis de Israel exigiam que em todo sétimo ano aquele servo contratado fosse liberto, quer tivesse pago completamente a dívida, quer não. O mesmo acontecia a cada quarenta e nove anos, quando havia o ano do jubileu. Essa libertação no ano sétimo está em foco nesta passagem de Êxodo 21.

O que é interessante nesse texto não é tanto os princípios da servidão contratada, e sim a informação a respeito dos servos que tinham esposa. Essa parte do texto nos parece especialmente severa. O versículo 3 diz: "Se entrou solteiro, sozinho sairá". Ou seja, depois de haver trabalhado para quitar sua dívida, o servo era livre para ir embora. Em seguida, o versículo diz: "Se era homem casado, com ele sairá sua mulher". Isso faz sentido para nós. Mas, quando chegamos ao versículo 4, lemos: "Se o seu senhor lhe der mulher, e ela der à luz filhos e filhas, a mulher e seus filhos serão do seu senhor, e ele sairá sozinho". Isso parece um tratamento cruel e injusto. A idéia é que um homem solteiro deve a alguém um valor que ele não pode pagar; por isso, se torna um servo contratado de seu credor. Quando paga toda a sua dívida por meio do trabalho, ele pode deixar sua servidão. Mas, se o senhor lhe der uma esposa, e tiverem filhos, a esposa e os filhos não podem sair com ele. Não podem porque, nos termos hebraicos, o marido e pai não pagou por eles.

No antigo Israel, um homem tinha de pagar um dote ou o preço da esposa ao pai de uma jovem, para conseguir a sua mão em casamento. É claro que o homem que estava em dívida não teria condições de pagar o preço da esposa. Além disso, um servo que trabalhava para quitar sua dívida incorreria em maior débito se o seu senhor lhe desse, graciosa e espontaneamente, como esposa a sua filha ou uma de suas servas. Portanto, quando o homem chegava finalmente ao momento de deixar a servidão, se desejava ficar com sua esposa e filhos, ele tinha duas opções. Primeira, ele poderia sair sozinho, ganhar o suficiente, voltar e pagar o preço da esposa; nessa ocasião, ele receberia a mulher e os filhos. Segunda, se não tivesse meios de ganhar o suficiente, depois de sair de sua servidão, e quisesse ficar com a esposa e os filhos, ele poderia estender sua servidão contratada, não para quitar o valor da dívida original, e sim para pagar ao senhor o preço da esposa.

Em Israel havia outro costume relacionado a este assunto — o costume do parente resgatador. O parente resgatador era uma pessoa da mesma família que poderia ser autorizado a pagar as dívidas de um dos seus familiares, incluindo o preço da esposa. Achamos esse costume estabelecido em outro texto pouco conhecido do Antigo Testamento, Levítico 25.23-27a:

> Também a terra não se venderá em perpetuidade, porque a terra é minha; pois vós sois para mim estrangeiros e peregrinos. Portanto, em toda a terra da vossa possessão dareis resgate à terra. Se teu irmão empobrecer e vender alguma parte das suas possessões, então, virá o seu resgatador, seu parente, e resgatará o que seu irmão vendeu. Se alguém não tiver resgatador, porém vier a tornar-se próspero e achar o bastante com que a remir, então, contará os anos desde a sua venda, e o que ficar restituirá ao homem a quem vendeu.

O que isso significa? No antigo Israel, era costumeiro uma família cuidar das dívidas de seus membros. Não competia ao governo resgatá-las emergencialmente. Se um membro de uma família se tornasse pobre e tivesse de vender parte de seus bens, um parente poderia vir e pagar o débito, para resgatar a propriedade.

No Antigo Testamento, há um livro inteiro em que toda a história é um drama concernente a essa prática de parente resgatador. É o livro de Rute, que tem um significado especial para mim. No lado interno de minha aliança de casamento está inscrito: "Teu povo, meu povo"; e na aliança de minha esposa: "Teu Deus, meu Deus". São palavras extraídas do livro de Rute, no qual uma jovem senhora, chamada Rute, da terra de Moabe, se compromete a acompanhar sua sogra israelita, Noemi, dizendo: "Aonde quer que fores, irei eu e, onde quer que pousares, ali pousarei eu; o teu povo é o meu povo, o teu Deus é o meu Deus" (Rt 1.16). Rute vai a Israel com Noemi e, posteriormente, conhece Boaz, que age como parente resgatador para Noemi e Rute.

Ora, esses termos e costumes são aplicados, em toda a Bíblia, à obra do Messias em sua expiação. No resgate que Cristo pagou, ele agiu como parente resgatador de seu povo. Como nosso irmão mais velho, ele pagou a dívida que havíamos contraído diante de Deus. Ele nos resgata da servidão contratada por pagar o preço de nossa liberdade, restaurando-nos a herança no reino do Pai.

Mais importante ainda é a figura que abunda no Novo Testamento a respeito do relacionamento de Cristo com a sua igreja. A figura mais proeminente usada para retratar a igreja no Novo Testamento é a de esposa de Jesus Cristo. Esta figura está ligada claramente à expiação realizada de Cristo, por meio da qual ele pagou um resgate, o preço da esposa, a fim de comprar sua esposa. Outra vez, nesta imagem, vemos o Filho de Deus nos comprando para garantir a nossa redenção.

A idéia de um resgate está entretecida em toda a Escritura. Evidentemente, como vimos no capítulo anterior, sempre foi a intenção de Deus prover um Redentor, que pagaria o preço para resgatar-nos de nossa servidão.

Começando na última parte do século XX, a prática de fazer reféns se desenvolveu como um meio pelo qual pequenos grupos de fanáticos tentariam influenciar poderes mundiais como os Estados Unidos. Quando isso acontece, há sempre um dilema moral. Se o resgate for pago aos seqüestradores, esses malfeitores se sentirão estimulados a perpetuarem essa prática desprezível. Como resultado, o governo dos Estados Unidos estabeleceu a política de recusar-se a pagar resgates a seqüestradores e, em vez disso, procurar libertar os reféns empregando outros meios.

Deus nunca descartou o pagamento de um resgate para livrar seu povo da destruição certa. Cristo veio e pagou o resgate, a fim de garantir a libertação de seu povo, que era cativo do pecado. Cristo pagou o resgate voluntariamente, para que nos libertasse de nossa servidão e nos trouxesse para si mesmo como sua esposa amada.

CAPÍTULO 5

O SUBSTITUTO SALVADOR

Na primavera de 1995, eu estive nas arquibancadas de um estádio para assistir a sétima partida da série decisiva da Conferência Leste da NBA. O Orlando Magic estava enfrentando o Indiana Pacers. A série estava empatada em três partidas. Portanto, o vencedor daquela noite avançaria para as finais da NBA. Quando chegamos, bem antes do arremesso inicial, o barulho no interior do estádio chegava até ao saguão. Os torcedores do Orlando Magic estavam gritando, assobiando e cantando uma hora antes do começo da partida. Quando o jogo começou, eles continuaram fazendo isso. Nunca assisti a um evento em que os torcedores fizeram mais barulho do que a multidão naquela partida específica.

Naquela noite, também observei o comportamento da pessoas no estádio; e perguntei-me o que em nossa humanidade nos deixa tão frenéticos e fervorosos a respeito de algo como um jogo de basquete. Afinal de contas, na eternidade quem se interessará por saber quem perdeu ou ganhou uma competição esportiva? Mas, quando olhei para mim mesmo, tive de admitir: estou aqui e me interesso; estou gritando como todos os outros neste estádio.

Não é incomum sermos achados apoiando os nossos times favoritos. Não jogamos nas partidas. Talvez não vamos aos jogos. E, talvez, nem mesmos os vejamos na televisão ou os ouçamos no rádio. Mas, se gostamos do resultado, temos a tendência de dizer: "*Nós* vencemos". Nós nos identificamos tão intimamente com nossos times favoritos que, ao vencerem, nos incluímos na vitória. É claro que, se nosso time perde, tendemos a mudar a linguagem e dizer: "*Eles* perderam". Deixamos os jogadores receberem a culpa e a vergonha da derrota, mas queremos ter parte na glória da vitória.

Por que fazemos isso? Em certo sentido, os torcedores de esportes experimentam um tipo de participação. Temos um senso de que nossos times representam nossa cidade, nossa escola e, em última análise, a nós mesmos. Talvez não conheçamos pessoalmente os jogadores, mas gostamos de pensar que eles estão fazendo algo em nosso favor. Por isso, nos regozijamos com as vitórias deles e nos entristecemos com suas derrotas. Isso é o que chamamos de experiência *vicária*.

A palavra vicária é muito importante ao nosso entendimento da expiação de Cristo. Karl Barth, falecido teólogo suíço, disse certa vez que, em sua opinião, a palavra mais importante em todo o Novo Testamento grego era a palavra *hiper*. Essa pequena palavra é traduzida pela expressão "em favor de". Evidentemente, ao fazer essa afirmação, Barth se envolveu em uma hipérbole, porque muitas palavras do Novo Testamento são consideravelmente tão importantes ou mais importantes do que *hiper*. Barth estava apenas procurando chamar a atenção à importância do que é conhecido na teologia como o aspecto vicário do ministério de Jesus.

Vimos anteriormente que a expiação realizada por Jesus é descrita como uma obra de satisfação. Em outras palavras, ele realizou satisfação para a nossa dívida, a nossa inimizade com Deus e a nossa culpa. Ele satisfez a exigência de resgate para a nossa libertação da servidão ao pecado. No entanto, há outra palavra significativa que é freqüentemente usada na descrição da expiação: *substituição*. Quando consideramos a descrição bíblica do pecado como um crime, vimos que Jesus agiu como um substituto, tomando o nosso lugar no tribunal de justiça de Deus. Por essa razão, às vezes falamos da obra de Jesus na cruz como a expiação substitutiva de Cristo. E isso significa que, ao oferecer-se a si mesmo como expiação, ele não o fez para satisfazer a justiça de

Deus em favor de seus próprios pecados, e sim em favor dos pecados de outros. Ele assumiu o papel de Substituto, representando o seu povo. Ele não deu a sua vida em favor de si mesmo; Ele a deu em favor de suas ovelhas. Ele é o nosso único Substituto.

A idéia de ser um Substituto que ofereceria uma expiação para satisfazer as exigências da lei de Deus em benefício de outros era algo que Cristo entendia como sua missão, desde o momento em que entrou neste mundo e tomou sobre si a natureza humana. Ele veio do céu, como o dom do Pai, tendo o propósito específico de realizar a redenção como nosso Substituto, fazendo em nosso lugar o que não poderíamos fazer por nós mesmos. Vemos isso no início do ministério de Jesus, quando ele começou sua obra pública, vindo ao Jordão e encontrando-se com João Batista.

Imagine a cena no Jordão, naquele dia. João estava ocupado batizando as pessoas em preparação para a vinda do reino. De repente, ele olhou e viu Jesus se aproximando. Ele falou as palavras que mais tarde se tornaram a letra daquele grande hino da igreja, *Agnus Dei*: "Eis o Cordeiro de Deus, que tira o pecado do mundo!" (Jo 1.29). João anunciou que Jesus era aquele que viera para suportar o pecado de seu povo. Em sua pessoa, Jesus cumpriria tudo o que estava simbolizado no sistema de sacrifícios do Antigo Testamento, segundo o qual um cordeiro era imolado e queimado sobre o altar como uma oferta a Deus, para representar a expiação pelo pecado. O cordeiro era o substituto. Assim, ao chamar Jesus de "Cordeiro de Deus", João Batista estava afirmando que Jesus também seria um Substituto, um substituto que faria a verdadeira expiação.

Jesus se aproximou de João Batista e, para a admiração deste, pediu-lhe que o batizasse. As Escrituras nos contam a reação de João Batista a esse pedido: "Ele, porém, o dissuadia, dizendo: Eu é que preciso ser batizado por ti, e tu vens a mim?" (Mt 3.14). Essa afirmação simples deve ter disfarçado uma profunda confusão em João. Ele acabara de anunciar que Jesus era o Cordeiro de Deus; e, para servir como sacrifício perfeito que expiaria o pecado de seu povo, o Cordeiro de Deus tinha de ser imaculado. Tinha de ser completamente puro. Mas o ritual do batismo ao qual João exortava Israel a submeter-se como preparação para a vinda do Messias era um rito que simbolizava a purificação do pecado. Por isso, João disse, em essência: "Batizá-lo é um absurdo para mim, porque você é o cordeiro de Deus impecável". Em seguida, João Batista apresentou uma idéia alternativa: Jesus deveria batizá-lo. Essa foi a maneira pela qual João reconheceu que era um pecador que necessitava de purificação.

Jesus anulou o protesto de João, respondendo-lhe: "Deixa por enquanto, porque, assim, nos convém cumprir toda a justiça" (Mt 3.15). A escolha das palavras de Jesus nesta declaração foi interessante. Primeiramente, ele disse: "Deixa por enquanto". O fato de que Jesus deu sua ordem a João Batista usando essas palavras mostra que havia alguma dificuldade teológica envolvida no assunto. Era como se Jesus estivesse dizendo: "João, sei que você não entende o que está acontecendo aqui, mas pode confiar em mim. Vamos, batize-me".

No entanto, Jesus prosseguiu e explicou por que João deveria batizá-lo. Jesus disse: "Assim, nos convém cumprir toda a justiça". A palavra *convém*, nesta passagem, também poderia ser traduzida por "é necessário". Em outras palavras, Jesus estava dizendo que lhe era necessário ser batizado. Por que era necessário? João Batista viera como um profeta enviado por Deus. Jesus diria mais tarde: "Entre os nascidos de mulher, ninguém é maior do que João; mas o menor no reino de Deus é maior do que ele" (Lc 7.28). Por meio deste profeta, Deus havia dado ao seu povo da aliança uma nova ordem: deviam ser batizados. Nunca devemos pensar que Deus parou de expressar sua vontade ao seu povo depois de haver entregue os Dez Mandamentos. Inúmeras leis foram acrescentadas aos dez mandamentos básicos, depois que eles foram outorgados. A ordem de que seu povo passasse por esse rito de purificação, a fim de preparar-se para a chegada do reino divino, era o mais recente edito de Deus.

Antes que fosse à cruz, antes que pudesse cumprir o papel de Cordeiro de Deus, antes que se tornasse uma oblação que satisfaria as exigências da justiça de Deus, Jesus tinha de submeter-se a cada detalhe da lei que Deus entregara à nação. Ele tinha de representar, em cada detalhe, o seu povo diante do tribunal de justiça de Deus. Visto que a lei agora exigia que todas as pessoas fossem batizadas, Jesus tinha de ser igualmente batizado. Ele tinha de cumprir cada mandamento para se mostrar impecável. Jesus não estava pedindo a João que o batizasse por que ele necessitava de purificação. Ele queria ser batizado para que se mostrasse obediente ao seu Pai em cada detalhe.

Essa era a verdade que Jesus estava estabelecendo para João, porque a sua missão implicava ser o Substituto, o sacrifício vicário oferecido a Deus. Jesus entendeu isso e o aceitou. Desde o começo de seu ministério, ele sabia que viera para agir como Substituto em favor de suas ovelhas. No âmago de seu ensino estava a afirmação de que ele fazia isso não por causa de si mesmo, mas por causa de nós – para redimir-nos, resgatar-nos, salvar-nos.

Quando falamos sobre o aspecto vicário da expiação, duas palavras técnicas nos ocorrem vez após vez: *expiação* e *propiciação*. Elas fazem surgir todo tipo de argumento a respeito de qual dessas palavras devemos usar para traduzir determinada palavra grega. Algumas versões da Bíblia usam uma delas, e outras versões usam a outra. Freqüentemente, pessoas me pedem que explique a diferença entre propiciação e expiação. A dificuldade é que, embora essas palavras estejam na Bíblia, não as usamos como parte de nosso vocabulário diário, por isso não estamos certos do que exatamente elas comunicam nas Escrituras. Não temos pontos de referência em relação a essas palavras.

Consideremos o que significam essas palavras, começando por explicar o termo *expiação*. O prefixo *ex* significa *fora de* ou *da parte de*; por isso, *expiação* está relacionada com a remoção ou afastamento de algo. Em temos bíblicos, expiação implica a remoção por meio do pagamento de uma penalidade ou de uma oferta. Por contraste, *propiciação* está relacionada ao objeto da expiação. O prefixo *pro* significa "para"; por isso, a propiciação causa uma mudança na atitude de Deus, fazendo mover-se da inimizade para o ser por nós. Mediante o processo de propiciação, somos restaurados à comunhão e ao favor com Deus.

Em certo sentido, a propiciação está relacionada ao ato de Deus ser apaziguado. Sabemos como a palavra *apaziguar* funciona nos conflitos políticos e militares. Pensamos nas supostas políticas de apaziguamento, a filosofia de que, se há um conquistador mundial impetuoso agindo à vontade, brandindo a espada, em de vez correr o risco de sofrer a ira de seu ataque repentino, você lhe dá a região dos Sudetos, na Checoslováquia, ou algum pedaço de território semelhante. Você tenta abrandar a ira desse conquistador dando-lhe algo que o satisfará, para que ele não venha ao seu país e mate inúmeras pessoas. Essa é uma manifestação ímpia de apaziguamento. Mas, se você está irado ou foi afrontado, e eu consigo satisfazer a sua ira ou apaziguá-lo, sou restaurado ao seu favor, e o problema é removido.

De vez em quando, a mesma palavra grega é traduzida pelos vocábulos *expiação* e *propiciação*. Mas existe uma pequena diferença. Expiação é o ato que resulta na mudança da disposição de Deus para conosco. Foi o que Cristo fez na cruz, e o resultado da obra expiatória de Cristo é a propiciação – a ira de Deus é removida. A distinção é mesma que existe entre o resgate pago e a atitude daquele que recebe o resgate.

Juntas, a expiação e a propiciação constituem um aplacamento. Cristo realizou sua obra na cruz para aplacar a ira de Deus. Essa idéia de aplacar a ira de Deus tem contribuído pouco para acalmar a ira dos teólogos modernos. De fato, eles ficam bastante irados quanto a toda a idéia de aplacar a ira de Deus. Acham que *ter* de ser aplacado e fazermos algo para abrandá-lo ou apaziguá-lo está aquém da dignidade de Deus. Precisamos ser bastante cautelosos na maneira como entendemos a ira de Deus, mas permita lembrar-lhe que o conceito de aplacar a ira de Deus está relacionado não a uma questão periférica e tangencial da teologia, e sim à essência da salvação.

Devo fazer uma pergunta básica: o que significa o termo *salvação*? Já consideramos palavras como *satisfação, expiação, redenção, substituição* e *propiciação*. Todavia, o que *salvação* significa na Bíblia? Tentar explicá-la rapidamente pode causar-lhe dor de cabeça, porque a palavra salvação é usada cerca de setenta maneiras diferentes na Bíblia. Se alguém é livre de uma derrota certa na guerra, ele experimenta salvação. Se alguém sobrevive a uma enfermidade que ameaça a vida, ele experimenta salvação. Se as plantas de alguém são restauradas da murcha à saúde robusta, elas são salvas. Essa é a linguagem bíblica, e não difere de nossa linguagem. Nós salvamos as coisas. Um boxeador é salvo pelo gongo, significando que ele é salvo de perder a luta por nocaute, e não que ele é transportado ao reino eterno de Deus. Em resumo, qualquer experiência de livramento de um perigo evidente e atual pode ser referida como uma forma de salvação.

Quando falamos sobre a salvação em termos bíblicos, devemos ser cuidadosos em afirmar do que somos salvos. O apóstolo Paulo fez exatamente isso quando disse que Jesus "nos livra da ira vindoura" (1 Ts 1.10). Em última análise, Jesus morreu para salvar-nos da ira de Deus. Sem essa verdade, não podemos entender o ensino e a pregação de Jesus de Nazaré, pois ele advertiu constantemente às pessoas que, um dia, o mundo sofreria o julgamento divino. Eis algumas de suas advertências a respeito do juízo: "Eu, porém, vos digo que todo aquele que [sem motivo] se irar contra seu irmão estará sujeito a julgamento" (Mt 5.22); "Digo-vos que de toda palavra frívola que proferirem os homens, dela darão conta no Dia do Juízo" (Mt 12.36); "Ninivitas se levantarão, no Juízo, com esta geração e a condenarão; porque se arrependeram com a pregação de Jonas. E eis aqui está quem é maior do que Jonas"

(Mt 12.41). A teologia de Jesus era uma teologia de crise. A palavra grega *crisis* significa "julgamento". E a crise que Jesus pregava era a crise de um julgamento do mundo, pelo qual Deus derramará a sua ira contra os não-redimidos, os ímpios e impenitentes. A única esperança de escapar desse derramamento de ira é ser coberto pela expiação de Cristo.

Portanto, a suprema realização da cruz foi que ela aplacou a ira de Deus, que seria inflamada contra nós, se não fôssemos cobertos pelo sacrifício de Cristo. Se alguém argumenta contra o aplacamento ou contra a idéia de que Cristo satisfez a ira de Deus, fique alerta, porque nesse caso o evangelho está em jogo. Isto é a essência da salvação – as pessoas que estão cobertas pela expiação são redimidas do supremo perigo ao qual toda pessoa está exposta. Cair nas mãos de um Deus santo, que se ira, é algo terrível. Mas não há ira para aqueles cujos pecados foram pagos. Isso é a salvação.

No seminário, um de meus colegas de classe apresentou um sermão como parte da aula de homilética. A audiência era os alunos da classe. No final do sermão, cumpria ao professor dar um resumo de todas as fraquezas e virtudes da apresentação, incluindo o conteúdo do sermão. Meu colega apresentou um sermão entusiasta sobre a cruz. Entretanto, aquele professor desprezava o cristianismo ortodoxo e tinha um ódio terrível à teologia conservadora, por isso se mostrou hostil e beligerante para com o sermão pregado. O aluno permaneceu no púlpito depois de expor o sermão, e o professor o desafiou nestes termos: "Como você ousa pregar a expiação vicária nestes dias e nesta época?" Eu não podia acreditar no que estava ouvindo. Queria replicar: "O que são estes dias e esta época que repentinamente tornaram obsoleta a expiação vicária de Cristo?"

Eu não fiz isso e envergonho-me de não tê-lo feito. Talvez agora eu entenda um pouco melhor que a obra de Jesus na cruz é a própria essência do evangelho. Um Substituto apareceu no tempo e no espaço, designado por Deus mesmo, para suportar o peso e o fardo de nossas transgressões, fazer expiação por nossa culpa e propiciar a ira de Deus em nosso favor. Isso é o evangelho. Portanto, se você remove a expiação vicária, despoja a cruz de seu significado e drena toda a importância da paixão de nosso Senhor. Se você faz isso, remove o próprio cristianismo.

Capítulo 6

Semelhante a Seus Irmãos

Se você pedisse a uma criança, em qualquer igreja evangélica contemporânea, que dissesse o que Jesus fez por ela, o que acha que ela diria? Posso quase garantir-lhe que a resposta seria: "Jesus morreu por meus pecados". De fato, eu não ficaria surpreso se você recebesse essa resposta da maioria dos adultos. É uma resposta correta e verdadeira, mas não é a resposta completa.

Já vimos que as realidades da justiça de Deus e da pecaminosidade do homem se combinam para tornar a expiação absolutamente necessária. Também vimos que Jesus Cristo, o Filho de Deus, a segunda pessoa da Trindade, é aquele que fez satisfação por nossa dívida, nossa inimizade com Deus e nossa violação criminal da lei divina. Aprendemos que a cruz foi uma gloriosa conseqüência da graça de Deus, por meio da qual o Pai comissionou o Filho a realizar a satisfação, para que pecadores fossem salvos sem o comprometimento da justiça de Deus. E descobrimos que a Bíblia apresenta Jesus como o Redentor, aquele que nos liberta de nosso cativeiro, por pagar um resgate por nós.

No entanto, por que tinha de ser Jesus? E, se a obra dele em nosso favor consistiu somente de morrer na cruz, por que ele não veio do céu com a idade de 30 anos e morreu logo na cruz? Essas foram as perguntas que Anselmo fez no título de seu livro *Cur Deus Homo?* (Por que o Deus-Homem?). Estava perguntando por que Deus, o Filho, teve de assumir nossa humanidade, ser nascido e viver neste mundo por 33 anos, antes de realizar a expiação em favor do povo de Deus, na cruz. Para responder essa pergunta, temos de pensar na necessidade da expiação e considerar as exigências para a expiação.

Em primeiro lugar, retornemos às coisas básicas e lembremos que a necessidade da expiação está relacionada ao problema do pecado humano e do caráter de Deus — sua justiça e retidão. Em outras palavras, o homem é injusto, e Deus, justo. Nesse cenário, como essas duas partes poderiam, de alguma maneira, se relacionar?

Imagine um círculo que representa o caráter da humanidade. Agora, imagine que, se alguém comete um pecado, uma mancha — uma mancha de natureza moral — aparece no círculo, sujando o caráter do homem. Se outros pecados são cometidos, novas manchas aparecem no círculo. Bem, se os pecados continuam a se multiplicar, ao final o círculo ficará cheio de manchas. Mas, as coisas têm chegado a esse ponto? O caráter humano é manchado pelo pecado. O debate, porém, diz respeito à extensão dessa mancha. A Igreja Católica Romana defende a posição de que o caráter do homem não é completamente contaminado e que ele detém uma pequena quantidade de retidão. Os reformadores protestantes do século XVI afirmavam que a poluição e a corrupção pecaminosa do homem caído é completa, tornando-nos plenamente corruptos.

Há muito mal-entendido a respeito do que os reformadores queriam dizer com essa afirmação. A expressão usada freqüentemente na teologia clássica reformada para referir-se à situação do homem é *depravação total*. As pessoas tendem a estremecer sempre que usamos essa expressão porque há uma confusão bastante difundida acerca dos conceitos de depravação *total* e depravação *absoluta*. A depravação *absoluta* significaria que o homem é tão mau e corrupto quanto poderia ser. Não creio que existe neste mundo um ser humano que seja absolutamente corrupto, e isso acontece tão-somente por causa da graça de Deus e do poder restringente da sua graça comum. Os muitos pecados que cometemos individualmente, poderíamos cometê-los com maior perversidade. Poderíamos cometer pecados mais horríveis. Ou poderíamos cometer um maior número de pecados. Logo, *a depravação total* não significa que os homens são tão maus quanto poderiam ser.

Quando os reformadores protestantes falavam sobre a depravação total, eles queriam dizer que o pecado – seu poder, sua influência, sua inclinação – afeta toda a pessoa. Nosso corpo, nosso coração e nossa mente são caídos – em nós não há nenhuma parte que escape da ruína de nossa natureza humana pecaminosa. O pecado afeta nosso comportamento, nossa vida, nossa conversa. Toda a pessoa é caída. Essa é a verdadeira extensão de nossa pecaminosidade, quando julgada pelo padrão e norma da perfeição e santidade de Deus.

Ampliando o assunto, quando o apóstolo Paulo desenvolveu o tema da condição humana caída, ele disse: "Não há justo, nem um sequer, não há quem entenda, não há quem busque a Deus; todos se extraviaram, à uma se fizeram inúteis; não há quem faça o bem, não há nem um sequer" (Rm 3.10-12). Essa é uma afirmação radical. Paulo estava dizendo que o ser humano caído nunca faz uma única obra boa. Mas isso se opõe a nossa experiência. Quando olhamos ao nosso redor, vemos inúmeras pessoas que não são cristãs fazendo coisas que aplaudimos por sua virtude. Por exemplo, vemos atos de heroísmo e auto-sacrifício entre aqueles que não são cristãos, como policiais e bombeiros. Muitas pessoas vivem tranquilamente como cidadãos que obedecem à lei, nunca desafiando o Estado. Ouvimos falar regularmente de atos de honestidade e integridade, como a atitude de uma pessoa que devolve uma carteira perdida, em vez de ficar com ela. João Calvino chamava isso de retidão civil. Mas, como pode haver esses atos de bondade aparente, quando a Bíblia diz que nenhuma pessoa faz o bem?

A razão para esse problema é o fato de que, ao descrever bondade e maldade, a Bíblia focaliza-as com base em duas perspectivas distintas. Primeira, há a norma de medida da Lei, que avalia a conduta externa dos seres humanos. Por exemplo, se Deus afirma que você não deve roubar, e você passa a vida toda sem roubar, com base numa avaliação externa, podemos dizer que você tem um bom registro. Você guardou a Lei externamente.

Mas, além da norma de medida externa, há também a consideração do coração, a motivação interna de nosso comportamento. Somos informados de que o homem julga pela aparência exterior, mas Deus examina o coração. Com base na perspectiva bíblica, fazer uma boa obra no sentido pleno exige não somente que a obra se conforme externamente com os padrões da lei de Deus, mas também que proceda de um coração que ama a Deus e quer honrá-lo. Você recorda o grande mandamento: "Amarás o Senhor, teu Deus, de todo o teu coração, de toda a tua alma e de todo o teu entendimento" (Mt 22.37). Há alguém que está lendo este livro que amou a Deus com todo o seu coração nos últimos cinco minutos? Não. Ninguém ama a Deus com todo o seu coração, sem mencionar a alma e o entendimento.

Uma das coisas pelas quais terei de prestar contas no Dia do Juízo é a maneira como tenho gasto a minha mente na busca do conhecimento de Deus. Quantas vezes tenho sido tardio ou indolente para me aplicar ao mais pleno esforço de conhecer a Deus? Não tenho amado a Deus com toda a minha mente. Se eu amasse a Deus com toda a minha mente, jamais teria existido ali qualquer pensamento impuro. Mas não é assim que ela opera.

Se considerarmos a conduta humana com base nesta perspectiva, podemos entender por que o apóstolo expressou essa conclusão aparentemente radical, dizendo que não há ninguém que faça o bem; que não achamos entre os homens nenhuma bondade, no pleno sentido da palavra. Até as nossas melhores obras têm uma mancha de pecado misturada nelas. Nunca fiz um ato de caridade, de sacrifício, de heroísmo que procedeu de um coração, uma alma e uma mente que amam completamente a Deus. No aspecto externo, muitos atos virtuosos são praticados tanto por crentes como por incrédulos, mas Deus considera tanto a obediência externa como a motivação. Sob essa norma restrita de julgamento, estamos em apuros.

Imagine um segundo círculo, como o primeiro que tínhamos para o homem, a fim de representar o caráter de Deus. Quantas manchas veríamos nesse círculo? Nenhuma, em absoluto. Somos totalmente depravados; e Deus é santo em todo o seu ser. De fato, ele é tão santo, que não pode contemplar a iniqüidade. Ele é perfeitamente justo.

Eis o cerne do problema: como pode uma pessoa injusta permanecer na presença de um Deus santo? Ou, formulando a pergunta de outra maneira: como pode uma pessoa injusta ser tornada justa ou justificada? Pode começar tudo de novo? Não. Uma vez que uma pessoa cometa um pecado, é impossível ser perfeita, porque perdeu a sua perfeição por causa do pecado inicial. Pode pagar a pena de seu pecado? Não, a menos que deseje passar a eternidade no inferno. Deus pode ignorar o pecado? Não. Se ele fizesse isso, sacrificaria a sua justiça.

Portanto, se o homem tem de ser tornado justo, a justiça de Deus precisa ser satisfeita. Alguém precisa ser capaz de pagar o preço da infinita penalidade do pecado do homem. Tem de ser um membro da parte ofendida, mas tem de ser alguém que nunca caiu na inescapável imperfeição do pecado. Em face dessas exigências, nenhum homem poderia qualificar-se. Contudo, Deus mesmo poderia. Por essa razão, Deus, o Filho, veio ao mundo e vestiu-se de humanidade. Como diz o autor de Hebreus: "Por isso mesmo, *convinha* que, em todas as coisas, se tornasse semelhante aos irmãos" (Hb 2.17 – ênfase acrescentada).

Jesus era diferente dos outros homens pelo menos de uma maneira bastante significativa. Imagine um círculo que represente o caráter de Jesus. Ele viveu na terra, como homem, por várias décadas, sujeito à lei de Deus e a todas as tentações conhecidas dos homens (Hb 4.15). Mas, não vemos nenhuma mancha em seu círculo. Nenhuma. Essa foi a razão por que, como vimos no capítulo anterior, João Batista clamou: "Eis o Cordeiro de Deus, que tira o pecado do mundo!" (Jo 1.29). Os cordeiros da Páscoa no Antigo Testamento deviam ser cordeiros sem manchas, tão perfeitos fisicamente quanto possível. Mas o último cordeiro, o Cordeiro de Deus que tiraria o pecado de seu povo, deveria ser perfeito em todos os aspectos. Ao chamar Jesus de Cordeiro de Deus, João estava afirmando que Jesus não era contaminado pelo pecado.

Jesus mesmo fez essa afirmação. Ele perguntou aos fariseus: "Quem dentre vós me convence de pecado?" Em certo sentido, podemos nos tornar anestesiados por nossa familiaridade com as histórias do Novo Testamento. Como resultado, às vezes acontece que, ao lermos afirmações radicais de Jesus, não ficamos admirados. Como reagiria se alguém dissesse: "Eu sou perfeito. Se não concorda comigo, prove que não sou". Isso foi o que Jesus disse. Ele afirmou não ter qualquer sombra de mudança, nenhuma mancha, nenhum pecado. Ele disse que sua comida e sua bebida consistiam em fazer a vontade do Pai. Ele era um homem cuja paixão da vida era a obediência à lei de Deus.

Temos uma parte injusta (o homem) e duas partes justas. Temos um Deus justo e um Mediador justo, que é totalmente santo. O Mediador é aquele que veio para satisfazer as exigências do

Deus justo em favor da raça injusta de homens. É aquele que torna justa a parte injusta. É o único que poderia fazer isso.

Como protestantes, a expressão que usamos para definir esse processo de tornar justo o injusto é *justificação forense*. O termo *forense* é usado no contexto de obra policial investigativa ou para descrever debates argumentativos de nível universitário. Está relacionado a atos de declaração formal e determinativa. Portanto, a justificação forense ocorre quando uma pessoa é declarada justa no tribunal de Deus. Essa justificação acontece quando o supremo Juiz do céu e da terra diz: "Você é justo".

As bases para essa declaração estão no conceito de imputação. Esse conceito se acha freqüentemente nas Escrituras. É central ao que Jesus fez na cruz. Por exemplo, estamos falando a respeito de imputação quando dizemos que Jesus levou os nossos pecados e tomou sobre si os pecados do mundo. Nesse caso, a linguagem é a de um ato quantitativo de transferência pelo qual o peso da culpa é tirado do homem e lançada em Cristo. Em outras palavras, Cristo tomou voluntariamente para si mesmo todas as manchas do círculo hipotético sobre o qual falamos antes neste capítulo. Na linguagem teológica, dizemos que Deus imputou a Jesus aqueles pecados. Por isso, Deus olhou para Cristo e viu um corpo de pecaminosidade, porque todos os pecados do povo de Deus foram transferidos para o Filho. Jesus morreu na cruz para realizar satisfação pelos pecados – cumprindo seus papéis como Fiador,

Mediador, Substituto e Redentor. Esse é o conceito que temos em mente quando dizemos que Jesus morreu por nós.

Se tudo que aconteceu foi a simples transferência de nossos pecados para Jesus, não fomos justificados. Se Jesus levou sobre si mesmo todos os pecados que já cometemos e sofreu o castigo por mim, isso não me introduz no reino de Deus. Seria suficientemente bom para manter-me fora do inferno, mas eu ainda permaneceria injusto. Eu seria inocente, mas não seria justo no sentido positivo. Não teria qualquer justiça a respeito da qual poderia falar. Temos de lembrar que ser justo não é apenas ser inocente – é possuir justiça. É a justiça que me introduz no reino de Deus. Jesus disse que, se nossa justiça não exceder a dos escribas e fariseus, não entraremos no reino.

Felizmente, não há somente uma transferência, há duas. Não somente o pecado do homem é imputado a Cristo, mas também a justiça de Cristo é transferida a nós, lançada em nossa conta. Como resultado, aos olhos de Deus o círculo humano é agora apagado de todas as manchas e enchido com justiça gloriosa. Por causa disso, quando Deus me declara justo, ele não está mentindo.

Temos de considerar que a justiça de Cristo transferida a nós é a justiça que ele obteve por viver sob a lei de Deus por trinta e três anos sem cometer qualquer pecado. Jesus teve de levar uma vida de obediência antes que sua morte tivesse algum significado. Ele tinha de obter, se quisesse, mérito no tribunal de justiça. Sem a sua vida de obediência impecável, a expiação realizada por Jesus não teria qualquer valor. Temos de reconhecer o significado crucial desta verdade; precisamos entender que Jesus não somente morreu por nós; ele viveu por nós.

Os católicos romanos chamam esse conceito de ficção judicial e repudiam-no porque acham que ele mancha a integridade de Deus, por afirmar que Deus declara justas pessoas que não são justas. Em resposta, os reformadores admitem que esse conceito seria uma ficção judicial se a imputação fosse fictícia. Nesse caso, o ponto de vista protestante a respeito da justificação seria uma mentira. Mas o ensino do evangelho é que a imputação é concreta – Deus lança realmente nossos pecados em Cristo e transfere a justiça de Cristo para nós. Possuímos realmente a justiça de Jesus Cristo por imputação. Ele é nosso Salvador, não somente porque morreu, mas também porque teve uma vida imaculada antes de morrer, como somente o Filho de Deus poderia ter tido.

Os teólogos gostam de usar expressões em latim, e uma de minhas expressões favoritas é a que Martinho Lutero usou para capturar esse conceito. A essência de nossa salvação se encontra na frase *Simul justus et pecator*. A palavra *simul* é a palavra da qual obtemos nosso vocábulo *simultâneo*; significa apenas "ao mesmo tempo". *Justus* é a palavra que significa "justo". Todos sabemos o que *et* significa; nós o ouvimos nas famosas palavras de Júlio César na tragédia de Shakespeare: *"Et tu, Brute"* (Tu, também, Brutus?). *Et* significa "também" ou "e". Da palavra *pecator* temos palavras como *pecadilho* ("um pecado pequeno") e *impecável* ("sem pecado"). É a palavra latina que significa "pecador". Portanto, a frase de Lutero *Simul justus et pecator* significa "Ao mesmo tempo, justo e pecador".

Essa é a glória da doutrina protestante da justificação. A pessoa que está em Cristo é, ao mesmo tempo, um pecador e um justo. Se eu pudesse ser justificado apenas por tornar-me realmente justo e por não ter nenhum pecado em mim, jamais veria o reino de Deus. O ensino do evangelho é que no momento em que uma pessoa recebe a Jesus Cristo, tudo que Cristo fez é aplicado a essa pessoa. Tudo que ele é se torna nosso, incluindo sua justiça. Lutero estava dizendo que no instante em que eu creio, sou justo pela virtude da imputação da justiça de Cristo. É a justiça de Cristo que me torna justo. Sua morte cuidou de minha punição, e sua vida, de minha recompensa. Por isso, minha justiça está completamente em Cristo.

No protestantismo, falamos sobre isso como a doutrina da justificação pela fé somente, pois, de acordo com o Novo Testamento, a fé é o único meio pelo qual a justiça e méritos de Cristo podem ser lançados em nossa conta e atribuídos a nós. Não podemos conquistar essa justiça. Não podemos merecê-la. Podemos tão-somente confiar nela e apegar-nos a ela.

Em última análise, a justificação pela fé somente significa justificação por Cristo somente. É por meio de sua vida meritória e de sua morte vicária que podemos viver na presença de um Deus santo. Sem Cristo, não temos esperança, porque tudo que podemos apresentar a Deus é a nossa injustiça. Mas Cristo foi "nascido de mulher, nascido sob a lei, para resgatar os que estavam sob a lei" (Gl 4.4-5).

Não nos surpreende o fato de que o autor de Hebreus tenha dito: "Como escaparemos nós, se negligenciarmos tão grande salvação?" (Hb 2.3). Essa é uma pergunta retórica. A sua resposta é óbvia — não escaparemos de maneira alguma, porque é impossível uma pessoa injusta sobreviver na presença de um Deus justo. Precisamos ser justificados. Visto que não temos em nós mesmos uma justiça pela qual podemos ser justificados, precisamos do que os reformadores chamavam de justiça externa. E a única justiça disponível é a justiça do Deus-Homem, Jesus Cristo.

Capítulo 7

O Servo Sofredor

A informação histórica a respeito da crucificação de Jesus é que ele foi executado pelos romanos, sendo pregado numa cruz fora de Jerusalém. Entretanto, o nosso interesse não é tanto com o que aconteceu, e sim com o significado da crucificação. Já consideramos que a expiação de Cristo é uma obra multifacetada; ou seja, ela pode ser entendida de diversas maneiras: como uma fiança de uma dívida, a reconciliação de partes alienadas, um julgamento de um crime ou o pagamento de um resgate. Também pode ser entendida de maneiras que não têm qualquer relação com o seu verdadeiro significado.

Quando lemos as narrativas dos evangelhos a respeito da crucificação, encontramos participantes da história apresentando interpretações do que eles testemunharam. Aqueles que estiveram envolvidos na crucificação de Cristo e aqueles que a presenciaram entenderam-na de maneiras bem diferentes. Sem dúvida, esses entendimentos estavam errados.

Caifás, o sumo sacerdote judaico que concordou com a idéia da execução de Jesus, entendeu a morte de Jesus como um expediente político. Ele raciocinou que, se os líderes dos judeus permitissem que Jesus fosse executado, eles poderiam acalmar os romanos e manter um relacionamento político pacífico durante a ocupação imperial da Judéia.

O governador romano, Pôncio Pilatos, expressou sua avaliação a respeito do que estava acontecendo, depois de haver interrogado a Cristo. Ele anunciou às multidões clamorosas que bradavam pelo sangue de Jesus: "Não vejo neste homem crime algum" (Lc 23.4). A observação de Pilatos foi que a condenação de Jesus era injusta com base num ponto de vista legal, mas ele decidiu lavar as mãos quanto ao assunto, porque viu a crucificação como algo vantajoso, se mantivesse as multidões pacificadas.

Um bom número de pessoas permaneceu aos pés da cruz, quando Cristo foi crucificado. Para Maria, a mãe de Jesus, a crucificação foi uma agonia terrível, cumprindo a profecia que ela tinha ouvido quando levou o bebê Jesus para ser dedicado no templo (Lc 2.35). Ver seu filho morrer era como se uma espada estivesse perfurando a sua alma. Os discípulos de Jesus, vendo a execução de seu líder, entraram em desespero. As multidões de pessoas comuns ficaram iradas porque Jesus as deixou desapontadas. Esperavam que ele liderasse um livramento revolucionário da nação, mas se renderam mansamente às autoridades romanas. Essas pessoas viram a morte apenas como uma punição devida à falsa pretensão do ofício do Messias.

Naquele dia, houve outros que tiverem um entendimento melhor da crucificação. Um centurião romano, observando a agonia do Senhor e a maneira de sua morte, foi constrangido a dizer: "Verdadeiramente, este homem era o Filho de Deus" (Mc 15.39). Gostaria que tivéssemos a oportunidade de conversar com esse homem, a fim entendermos melhor o que o convenceu quanto à identidade de Jesus nessa circunstância. Também, dois criminosos foram crucificados ao lado de Jesus. Um deles uniu-se na zombaria de Cristo, mas o outro reagiu, dizendo que Jesus era inocente e pedindo-lhe entrada no reino.

O que falta em cada uma dessas observações de testemunhas oculares é um entendimento da crucificação como um acontecimento de significado abrangente. Isso não é surpreendente. Baseado apenas no que podia ser visto naquele dia no Gólgota, quem poderia ter chegado à conclusão de que Jesus estava expiando o pecado do povo de Deus? Um verdadeiro entendimento da crucificação não podia ser alcançado simplesmente por assistir ao evento. Também não podemos assimilar o que a cruz estava realizando apenas por meio da leitura da narrativa dos fatos envolvidos naquele acontecimento. É necessário que nos seja desvendado o significado que estava por trás dos fatos, para que não deixemos de compreender o significado da cruz.

Foi por esta razão que Jesus enviou o Espírito Santo: ensinar aos apóstolos a verdade a respeito de sua obra, a fim de que eles a pregassem em seus próprios dias e a registrassem em livros inspirados, para as gerações posteriores. As epístolas do Novo Testamento nos dão uma interpretação elaborada e ampla do significado e importância dos eventos históricos registrados nos evangelhos e Atos dos Apóstolos. É importante observar que os evangelhos e Atos dos Apóstolos nos dão mais do que uma simples informação dos acontecimentos. Neles, encontramos certa quantidade de material em que os autores apresentam explicação a respeito do significado ou da importância dos acontecimentos que estão relatando.

No entanto, precisamos compreender que Deus nos dá não somente uma interpretação da crucificação posterior aos acontecimentos nela envolvidos. Quatrocentos anos antes de Jesus nascer, Deus anunciou ao seu povo profecias a respeito do Messias que viria e da obra que ele realizaria. A cruz não foi um acontecimento histórico isolado que irrompeu espontaneamente num momento específico de tempo. Foi a culminação de séculos de história redentora. Em séculos e séculos anteriores, Deus colocara certas coisas em movimento, e esse processo alcançou seu zênite na morte de Cristo. As escrituras do Antigo Testamento apontavam para esse zênite.

Reconhecendo esse relato bíblico, muitos dos que contemplaram a Jesus levantado na cruz *deveriam* ter sido capazes de entender o significado do que estavam vendo. Mas nem mesmo os apóstolos foram capazes de fazer essas conexões no momento da crucificação. Foi somente mais tarde, depois que o Espírito veio, que eles puderam unir os fatos. Conseqüentemente, em seus sermões registrados em Atos dos Apóstolos e nas epístolas, eles citaram com freqüência o Antigo Testamento para ajudá-los na interpretação do que acontecera no Gólgota.

Como vimos em capítulo anterior, os apóstolos tinham um poderoso precedente para usarem as profecias do Antigo Testamento a fim de explicarem a obra de Jesus. O próprio Jesus fez isso quando foi a Nazaré, no início de seu ministério, e pregou seu sermão inaugural na sinagoga daquela cidade. Depois de ler parte de uma profecia messiânica, registrada em Isaías 61, Jesus disse: "Hoje, se cumpriu a Escritura que acabais de ouvir" (Lc 4.21). Ainda mais impressionante foi a maneira como ele ensinou seus dois discípulos na estrada para Emaús, depois de sua ressurreição: "E, começando por Moisés, discorrendo por todos os Profetas, expunha-lhes o que a seu respeito constava em *todas as Escrituras*" (Lc 24.27 — ênfase acrescentada). Jesus usou não somente a profecia de Isaías, mas também todas as Escrituras do Antigo Testamento para dar explicações a respeito de si mesmo e de seu ministério.

Um profundo exemplo desse uso das Escrituras pelos discípulos se acha em Atos dos Apóstolos, na passagem em que Filipe, o diácono, proclama o evangelho a um etíope com a ajuda de uma das mais importantes profecias a respeito de Cristo no Antigo Testamento. A história se acha em Atos 8, começando no versículo 26:

> Um anjo do Senhor falou a Filipe, dizendo: Dispõe-te e vai para o lado do Sul, no caminho que desce de Jerusalém a Gaza; este se acha deserto. Ele se levantou e foi. Eis que um etíope, eunuco, alto oficial de Candace, rainha dos etíopes, o qual era superintendente de todo o seu tesouro, que viera adorar em Jerusalém, estava de volta e, assentado no seu carro, vinha lendo o profeta Isaías. Então, disse o Espírito a Filipe: Aproxima-te desse carro e acompanha-o. Correndo Filipe, ouviu-o ler o profeta Isaías e perguntou: Compreendes o que vens lendo?

Um homem importante, tesoureiro da rainha da Etiópia, estivera em Jerusalém para adorar e voltava para casa em sua carruagem. Não era Bem Hur correndo ao redor do Coliseu, guiando seus cavalos em alta velocidade. Pelo contrário, esse homem estava assentado confortavelmente, enquanto um cocheiro guiava a caravana e cuidava dos cavalos. O Espírito Santo levou Filipe a encontrar aquela carruagem e disse-lhe que a acompanhasse e falasse com o homem. Providencialmente, Filipe ouviu o etíope lendo em voz alta a profecia de Isaías. Ali estava um ponto de partida perfeito para uma conversa. Assim, Filipe perguntou ao homem se ele entendia o que estava lendo.

Ele respondeu: Como poderei entender, se alguém não me explicar? E convidou Filipe a subir e a sentar-se junto a ele. Ora, a passagem da Escritura que estava lendo era esta: *Foi levado como ovelha ao matadouro; e, como um cordeiro mudo perante o seu tosquiador, assim ele não abriu a boca. Na sua humilhação, lhe negaram justiça; quem lhe poderá descrever a geração? Porque da terra a sua vida é tirada.* Então, o eunuco disse a Filipe: Peço-te que me expliques a quem se refere o profeta. Fala de si mesmo ou de algum outro? Então,

Filipe explicou; e, começando por esta passagem da Escritura, anunciou-lhe a Jesus. Seguindo eles caminho fora, chegando a certo lugar onde havia água, disse o eunuco: Eis aqui água; que impede que seja eu batizado? Filipe respondeu: É lícito, se crês de todo o coração. E, respondendo ele, disse: Creio que Jesus Cristo é o Filho de Deus.

Essa narrativa de Atos dos Apóstolos mostra claramente o lugar central que a profecia do Antigo Testamento ocupa no entendimento do Novo Testamento a respeito da morte de Cristo. Como Filipe o fez nessa ocasião, os apóstolos explicaram a vida e obra de Jesus, não com base em alguma teoria filosófica prevalecente, e sim fundamentados no Antigo Testamento. O eunuco perguntou o que o profeta estava dizendo, se falava de si mesmo ou de outrem; Filipe respondeu-lhe que o profeta falava de Jesus. Essa é uma afirmação admirável – centenas de anos antes de Jesus nascer, foi proclamada uma profecia não somente a respeito de sua obra, mas também de sua morte. Não menos admirável é a eficácia dessa afirmação. Em um breve período de tempo, o eunuco etíope vai da leitura casual de uma profecia que ele não pode entender, sem alguma interpretação e instrução, à confissão de fé em Cristo e pede o batismo. Sua conversão é provocada por uma aplicação de um texto do Antigo Testamento à pessoa e obra de Cristo.

Consideremos com mais atenção o texto que o etíope estava lendo. Acha-se em Isaías 53 e começa com estas palavras:

> Quem creu em nossa pregação? E a quem foi revelado o braço do SENHOR? Porque foi subindo como renovo perante ele e como raiz de uma terra seca.

Gosto dessa imagem. Foi extraída do deserto, onde a água é escassa e o solo árido mitiga contra qualquer forma de vegetação. A terra seca é rachada pelo calor e a aridez. E, se um pequeno rebento surge de uma rachadura no solo do deserto, ele luta para sobreviver no calor do meio-dia. Há muito poucos nutrientes para sustentá-lo. Essa é a imagem que o profeta usa para descrever Aquele que seria o servo do Senhor, chamado às vezes de Servo Sofredor, que Deus faria surgir nessa terra árida e sedenta.

Isaías continua, retratando uma imagem ainda mais vívida:

> Não tinha aparência nem formosura; olhamo-lo, mas nenhuma beleza havia que nos agradasse. Era desprezado e o mais rejeitado entre

os homens; homem de dores e que sabe o que é
padecer; e, como um de quem os homens escondem
o rosto, era desprezado, e dele não fizemos
caso.

Quando lemos essa passagem, questionamo-nos a respeito
de qual era a aparência de Jesus em sua encarnação. Não
temos um retrato físico de Jesus; nenhum retrato existiu desde
antiguidade. Cristo com cabelos longos, traços perfeitos e assim
por diante parece não corresponder com a imagem apresentada
nessas palavras de Isaías. O retrato profético de Jesus, o Messias,
o Servo Sofredor, é o de alguém que não tem aparência nem
formosura, nenhuma beleza que fosse admirada. De fato, há
algo repugnante no que diz respeito ao semblante do Messias,
porque, de acordo com a descrição de Isaías, as pessoas que o
vêem escondem dele o rosto.

É bem possível que esse texto não se refira ao semblante
normal do Servo Sofredor; antes, pode referir-se à sua feiúra
durante o sofrimento que levou à sua execução, na qual ele
foi espancado, ferido, atacado e desfigurado. Mas, em qualquer
caso, o Messias é descrito como alguém desprezado e rejeitado
pelos homens, um Homem de dores, que sabe o que é padecer.

No entanto, os versículos 4-6 nos dão uma interpretação
crucial da missão daquele que seria rejeitado:

> Certamente, ele tomou sobre si as nossas enfermidades e as nossas dores levou sobre si; e nós o reputávamos por aflito, ferido de Deus e oprimido. Mas ele foi traspassado pelas nossas transgressões e moído pelas nossas iniqüidades; o castigo que nos traz a paz estava sobre ele, e pelas suas pisaduras fomos sarados. Todos nós andávamos desgarrados como ovelhas; cada um se desviava pelo caminho, mas o Senhor fez cair sobre ele a iniqüidade de nós todos.

Esses versículos expressam quase literalmente o relato de uma testemunha ocular da crucificação, porém uma das afirmações mais interessantes nesta passagem é a interpretação da obra do Servo Sofredor: "Nós o reputávamos por aflito, ferido de Deus e oprimido". O que significa a palavra *reputávamos* nesse caso? Conforme vimos, quando falamos sobre o pecado, em um capítulo anterior, olhamos para as aparências exteriores, mas Deus vê o coração. Como resultado de nossa focalização nas aparências, nossa estimativa do significado de algo pode ser completamente errada. Todavia, essa estimativa do que aconteceu ao Servo Sofredor era totalmente correta. Na cruz, a ira de Deus foi derramada sobre Cristo. Deus o feriu, o oprimiu, o traspassou – não por qualquer mal em Cristo. Ele foi afligido em seu papel como o Substituto em favor do povo de Deus. Foi por isso que Isaías declarou: "Mas ele foi traspassado pelas *nossas* transgressões e moído pelas *nossas* iniqüidades; o castigo que *nos* traz a paz estava sobre ele, e pelas suas pisaduras *fomos* sarados. Todos nós andávamos desgarrados como ovelhas; cada um se desviava pelo caminho, mas o Senhor fez cair sobre ele a iniqüidade de *nós todos*" (ênfase acrescentada). O profeta desenvolve o assunto da substituição.

A revelação divina por meio de Isaías se torna mais clara à medida que ela prossegue. Isaías 53.10-12 diz:

> Todavia, ao Senhor agradou moê-lo, fazendo-o enfermar; quando der ele a sua alma como oferta pelo pecado, verá a sua posteridade e prolongará os seus dias; e a vontade do Senhor prosperará nas suas mãos. Ele verá o fruto do penoso trabalho de sua alma e ficará satisfeito; o meu Servo, o Justo, com o seu conhecimento, justificará a muitos, porque as iniqüidades deles levará sobre si. Por isso, eu lhe darei muitos como a sua parte, e com os poderosos repartirá ele o despojo, porquanto derramou a sua alma na morte; foi contado com os transgressores; contudo,

levou sobre si o pecado de muitos e pelos transgressores intercedeu.

Esta passagem contém um de meus versículos favoritos: "Ele verá o fruto do penoso trabalho de sua alma e ficará satisfeito". Nessas palavras, Isaías afirma, com clareza extraordinária, que Deus, o Pai, contemplaria o sofrimento de seu Filho e, vendo a sua obra na cruz, ficaria satisfeito. Por meio de sua obra como Fiador, Mediador e Substituto e Redentor, Cristo satisfaria indubitavelmente a justiça do Pai. A sua obra expiatória traria satisfação.

No entanto, outra profecia bastante clara sobre a rejeição do Messias se acha em Salmos 22, que diz:

> Deus meu, Deus meu, por que me desamparaste? Por que se acham longe de minha salvação as palavras de meu bramido?... Mas eu sou verme e não homem; opróbrio dos homens e desprezado do povo. Todos os que me vêem zombam de mim; afrouxam os lábios e meneiam a cabeça: Confiou no SENHOR! Livre-o ele; salve-o, pois nele tem prazer... Muitos touros me cercam, fortes touros de Basã me rodeiam. Contra mim abrem a boca, como faz o

leão que despedaça e ruge. Derramei-me como água, e todos os meus ossos se desconjuntaram; meu coração fez-se como cera, derreteu-se dentro de mim... Cães me cercam; uma súcia de malfeitores me rodeia; traspassaram-me as mãos e os pés. Posso contar todos os meus ossos; eles me estão olhando e encarando em mim. Repartem entre si as minhas vestes e sobre a minha túnica deitam sortes.

Este salmo começa com as palavras exatas que Jesus proferiu na cruz: "Deus meu, Deus meu, por que me desamparaste?" Prossegue mencionando aspectos específicos de sua paixão: a zombaria, o ridículo; o traspassamento de suas mãos e pés; a divisão de suas vestes; e o lançamento de sortes por parte dos soldados romanos, para ver quem ficaria com a túnica de Jesus. Esta é outra profecia sobre o Servo Sofredor. Evidentemente, Jesus conhecia bem este salmo e tinha-o na mente durante a sua morte expiatória. Ele se identificou claramente com esta profecia do Antigo Testamento.

Há muitas profecias como essa no Antigo Testamento. Já falamos sobre Gênesis 3.15, que contém o proto-evangelho, o primeiro evangelho, a promessa de que o Descendente da mulher esmagaria a cabeça da serpente. Outras profecias messiânicas notáveis são estas: Salmos 2, que fala da vitória de Cristo; Isaías 7.14, que prenuncia o nascimento virginal de Jesus; Isaías 9.6-7, que deixa claro que o Messias seria Deus; Isaías 11.1-10, que revela que o Messias viria da linhagem de Davi; Isaías 42.1-9, que profetiza a expansão do evangelho aos gentios; Miquéias 5.2, que identifica a cidade do nascimento de Jesus, e Zacarias 9.9, que retrata a entrada triunfal de Cristo. Em cada uma dessas passagens das Escrituras, Deus provê indicativos de sua intenção de enviar alguém que assumiria o lugar de seu povo a fim de produzir satisfação para consigo mesmo.

As Escrituras do Antigo Testamento apontam claramente para a expiação. Mostram que a intenção de Deus sempre foi que seu Filho viesse ao mundo, em forma humana, vivesse como homem, sob a lei, e sofresse uma morte vicária em favor de seu povo. Os evangelhos, por sua vez, nos dão um relato fiel dos acontecimentos envolvidos na crucificação, e as epístolas do Novo Testamento nos dão uma interpretação inspirada da obra do Substituto, olhando repetidas vezes para o Antigo Testamento. Assim, pela graça de Deus, temos à nossa disposição os fatos e a interpretação desses fatos pelos quais podemos chegar, com a ajuda da iluminação do Espírito Santo, a um verdadeiro entendimento do que é realmente a cruz.

CAPÍTULO 8

A BÊNÇÃO E A MALDIÇÃO

Quando um homem é ordenado ao ministério do evangelho, um dos privilégios que ele desfruta é a escolha do hino de ordenação. Quando fui ordenado ao ministério, em 1965, o hino que escolhi para a ocasião foi "É Meia-Noite e no Monte das Oliveiras". O texto desse hino acompanha a paixão de Cristo no jardim do Getsêmani. Acho que muitos crentes não conhecem esse hino, mas aprecio as suas palavras — com uma pequena exceção. Em uma estrofe, o hino declara: "Mas aquele que está ajoelhado, em angústias, não está abandonado por seu Deus". Essa afirmação me faz pensar. Posso desenvolver um pouco a minha teologia e dizer que Jesus não foi abandonado por seu Pai em um sentido final, mas houve uma ocasião em que ele foi realmente abandonado. E isso aconteceu na cruz.

Jesus mesmo declarou que foi abandonado em meio à sua obra expiatória. Conforme vimos no capítulo anterior, Jesus proferiu palavras do Salmo 22, enquanto esteve pendurado na cruz: "Deus meu, Deus meu, por que me desamparaste?" Alguns interpretam essas palavras no sentido de que Cristo se sentiu abandonado porque estava em profunda escuridão da alma, enquanto fazia expiação no Calvário, e de que ele não foi, realmente, abandonado por seu Pai. Contudo, se Cristo não foi realmente abandonado por seu Pai, durante a sua execução, a expiação não ocorreu, porque o abandono era a penalidade do pecado que Deus havia estabelecido na antiga aliança. Portanto, Cristo teve de receber a medida completa dessa penalidade na cruz.

Para entendermos melhor esse aspecto da expiação, precisamos examinar a cruz e a obra de Cristo no âmbito mais amplo daquilo que chamamos de aliança. Acho que é impossível haver um entendimento completo da morte de Cristo sem compreendermos todo o processo da aliança desenvolvido no Antigo e no Novo Testamento.

Aqueles que têm estudado os elementos de alianças no mundo antigo observam que, embora os conteúdo de alianças individuais divergissem de cultura a cultura, havia certos aspectos que eram quase universais. Por exemplo, quando um acordo legal era formulado, o soberano na aliança se identificaria e faria um prólogo histórico pelo qual repetia a história de seu relacionamento com os subordinados na aliança. Isso era verdade tanto na história dos judeus como dos sumérios, dos acádios e de outros povos da antiguidade.

Essa é a razão por que, ao fazer uma aliança com seu povo, os israelitas, Deus se identificou, dizendo: "Eu sou o Senhor, teu Deus, que te tirei da terra do Egito, da casa da servidão" (Êx 20.2). Ele apresentou esse prólogo histórico, em seguida expôs os termos da aliança, que chamamos de estipulações. Todas as alianças têm estipulações. Quando você se casa, entra numa aliança e promete fazer certas coisas – amar, honrar, obedecer e assim por diante. Quando assina um contrato de trabalho em uma empresa, você promete trabalhar oito horas por dia; a empresa, por sua vez, promete dar-lhe salário, benefícios, férias e assim por diante. Essas são as estipulações.

No entanto, no mundo antigo, alianças também tinham sanções. Seriam as recompensas ou as penalidades – recompensas por cumprirem as estipulações do acordo, e penalidades por transgredirem as estipulações. A aliança de Deus com Israel não era uma exceção: delineava sanções para obediência e desobediência. Entretanto, ela não usava as palavras recompensas e penalidades. Na antiga aliança, a recompensa por obediência era chamada de bênção, e a penalidade por violar o contrato era chamada de maldição.

Uma das passagens do Antigo Testamento que descreve as bênçãos e as maldições da aliança é Deuteronômio 28. Falando ao seu povo, Deus declarou por meio de Moisés:

> Se atentamente ouvires a voz do SENHOR, teu Deus, tendo cuidado de guardar todos os seus mandamentos que hoje te ordeno, o SENHOR, teu Deus, te exaltará sobre todas as nações da terra. Se ouvires a voz do SENHOR, teu Deus, virão sobre ti e te alcançarão todas estas bênçãos: Bendito serás tu na cidade e bendito serás no campo. Bendito o fruto do teu ventre, e o fruto da tua terra, e o fruto dos teus animais, e as crias das tuas vacas e das tuas ovelhas. Bendito o teu cesto e a tua amassadeira. Bendito serás ao entrares e bendito, ao saíres.
>
> (Dt 28.1-6)

Você pode ver a repetição? Era como se Deus estivesse dizendo: "Se vocês guardarem esses termos, se obedecerem aos mandamentos que lhes dou, eu os abençoarei quando se levantarem, quando se assentarem, quando saírem, quando estiverem em silêncio, quando falarem, quando estiverem na cidade ou no campo, quando estiverem andando ou viajando. Aonde quer que forem, no que quer que fizerem, eu os abençoarei".

Em seguida, chegamos àquela parte assustadora, a parte que diz "porém". Começando em Deuteronômio 28.15, lemos:

> Será, porém, que, se não deres ouvidos à voz do SENHOR, teu Deus, não cuidando em cumprir todos os seus mandamentos e os seus estatutos que, hoje, te ordeno, então, virão todas estas maldições sobre ti e te alcançarão: Maldito serás tu na cidade e maldito serás no campo. Maldito o teu cesto e a tua amassadeira. Maldito o fruto do teu ventre, e o fruto da tua terra, e as crias das tuas vacas e das tuas ovelhas. Maldito serás ao entrares e maldito, ao saíres.
>
> (Dt 28.15-19)

Há paralelos aqui. Deus está dizendo, na realidade: "Se vocês obedecerem, serão abençoados. Mas, se desobedecerem, serão malditos quando se levantarem ou se assentarem, quando estiverem na cidade ou no campo; os filhos, o gado e as ovelhas de vocês serão malditos. Tudo será maldito".

Para entendermos plenamente essas sanções, precisamos compreender o que significa ser bendito e maldito. Essas são palavras importantes. Durante a produção da versão New King James, estive em uma das reuniões que foi convocada para avaliar várias questões envolvidas na tradução. Uma das questões dizia respeito à melhor maneira de traduzirmos as bem-aventuranças de Jesus para o inglês contemporâneo. O debate era se deveríamos dizer: "Benditos os pobres de espírito" ou: "Felizes os pobres de espírito". Havia algumas pessoas na reunião que desejavam que a tradução dissesse "feliz", mas eu protestei, porque há uma conotação teológica especial na palavra "*bendito*" que não é transmitida em nossa palavra "*feliz*". Minha preocupação era que, se traduzíssemos aquela palavra específica por "feliz", deixaríamos o conteúdo empobrecido. A maioria dos presentes naquela reunião concordou que deveríamos usar a palavra "bendito". Por isso, hoje a versão New King James diz que os pobres de espírito são "benditos".

Qual é o significado dessa palavra? Para os judeus, bênção significava receber favor supremo das mãos de Deus. Minha maneira favorita de explicar favor supremo é considerar a bênção encontrada em Números 6.24-26. Deus ordenou aos sacerdotes de Israel que abençoassem o povo com estas palavras:

O Senhor te abençoe e te guarde;
O Senhor faça resplandecer o rosto sobre ti

> E tenha misericórdia de ti;
> O SENHOR sobre ti levante o rosto
> E te dê a paz.

Observe que nesta bênção há uma estrutura poética. É uma forma de literatura chamada paralelismo sintético. Há três versos, e cada um deles significa essencialmente a mesma coisa. Palavras diferentes são empregadas por riqueza e diversidade poética, mas a mensagem é a mesma. Além disso, esse paralelismo ajuda-nos a entender o ponto de vista dos judeus a respeito de bênção. Observe que a primeira parte da primeira afirmação diz: "O SENHOR te abençoe". Graças ao paralelismo, podemos obter uma indicação do que significa a bênção divina, por considerarmos as primeiras partes de cada uma das duas afirmações seguintes. Descobrimos que a bênção significa ter a face de Deus resplandecendo sobre nós e o seu rosto levantado sobre nós.

Para os judeus, a bênção suprema era a Visão Beatífica, a *Visio Dei*, a visão de Deus, contemplar a face de Deus. Se estudássemos isso em todas as suas ramificações no Antigo Testamento, veríamos que a bênção está relacionada à proximidade da presença de Deus. Quanto mais próximo alguém está da presença imediata de Deus, tanto maior é a bênção. Quanto mais distantes a pessoa está da face de Deus, tanto menor é a bênção.

A maldição é o oposto da bênção. Portanto, a suprema forma de maldição é o Senhor virar as suas costas para uma pessoa e trazer juízo sobre ela.

O conceito de bênção no Antigo Testamento era entendido em termos de proximidade, a proximidade da presença de Deus. No sentido oposto, a maldição da aliança era ser excluído da presença de Deus, não ver jamais a luz de seu rosto, ser lançado nas trevas exteriores. Essa era a maneira como os judeus entendiam a maldição.

Essa idéia estava por trás de muitos dos acontecimentos do Antigo Testamento. Por exemplo, durante o tempo de peregrinação de Israel pelo deserto, depois da libertação do Egito, as pessoas se acamparam de uma maneira especial. Armaram suas tendas de acordo com o padrão que Deus lhes deu para a disposição das tribos. As tendas estavam todas arranjadas ao redor de um ponto central. No centro estava o tabernáculo. Deus armou sua tenda no meio, bem no meio de seu povo. Sua presença estava com os israelitas. Não é surpreendente que os judeus desenvolveram um conceito sobre os gentios como aqueles que "estavam de fora", pois viviam fora do acampamento do povo da aliança, nas "trevas exteriores".

Outra ilustração desse entendimento é visto na cerimônia do Dia da Expiação, no Antigo Testamento. Nesse dia, em cada ano, um cordeiro era sacrificado no altar como um sacrifício de sangue em favor dos pecados do povo, mas a cerimônia também incluía um bode, um bode expiatório. Os pecados da nação eram transferidos, no aspecto cerimonial, à cabeça do bode, e algo significativo acontecia. O bode não era morto – esse simbolismo era cumprido pelo cordeiro. Em vez disso, o bode era enviado para fora do acampamento. Era levado ao deserto, ao lugar de trevas, a um lugar distante da luz da presença de Deus. Em outras palavras, o bode era maldito.

Passemos ao Novo Testamento, à epístola de Paulo aos gálatas. Citando Deuteronômio 27.26, Paulo escreveu: "Maldito todo aquele que não permanece em todas as coisas escritas no Livro da lei, para praticá-las" (Gl 3.10b). Ao citar essa passagem do Antigo Testamento, Paulo mostrou que toda pessoa que confia na observância da lei, para desenvolver um relacionamento com Deus, que confia em suas próprias boas obras e seu desempenho pessoal, experimentará maldição, porque Deus é o padrão de perfeição que nenhum ser humano pode atingir. Em seguida, Paulo escreveu: "Cristo nos resgatou da maldição da lei, fazendo-se ele próprio maldição em nosso lugar (porque está escrito: Maldito todo aquele que for pendurado em madeiro)" (Gl 3.13). Paulo estava dizendo que na cruz Cristo se tornou maldição por nós, que ele suportou todas as sanções da aliança. E parafraseou Deuteronômio 21.22-23: "Maldito todo aquele que for pendurado em madeiro".

Se considerarmos o entrelaçamento do drama dos acontecimentos da crucificação de Jesus, veremos que algumas coisas admiráveis aconteceram para que as afirmações proféticas do Antigo Testamento se cumprissem em seu mínimos detalhes. Em primeiro lugar, o Antigo Testamento dizia que o Messias seria entregue aos gentios ("cães" e "súcia de malfeitores") para ser julgado (Sl 22.16). E aconteceu, no curso da história, que Jesus foi levado a julgamento durante a ocupação romana na Palestina. Os romanos permitiam que certa quantidade de governo interno fosse mantida por seus vassalos, mas não permitiam que a pena de morte fosse imposta pelos governadores locais, por isso os judeus não tinham autoridade para matar Cristo. A única coisa que podiam fazer era reunir o conselho e levar Jesus a Pôncio Pilatos, o governador romano, pedindo-lhe a execução. Portanto, Jesus foi entregue por seu próprio povo aos gentios – aqueles que estavam "fora do acampamento". Ele foi entregue às mãos de pagãos que habitavam fora da área em que a face de Deus resplandecia, fora do círculo da luz de seu rosto.

Em segundo, o local da execução de Jesus era fora de Jerusalém. Depois de haver sido julgado pelos gentios e condenado à morte, Jesus foi levado para fora da fortaleza, à Via Dolorosa, ao lado de fora das muralhas da cidade. Assim como o bode expiatório era levado para fora do acampamento, Jesus foi conduzido para fora de Sião, para fora da cidade santa em que a presença de Deus se concentrava. Ele foi enviado para as trevas exteriores.

Em terceiro, enquanto os judeus realizavam suas execuções por apedrejamento, os romanos o faziam por crucificação. Isso determinou o método da morte de Jesus: ele seria pendurado em um madeiro — uma cruz de madeira. A Bíblia não diz: "Maldito todo aquele que é apedrejado". Ela diz: "Maldito todo aquele que é pendurado em madeiro".

Em quarto, quando Jesus foi morto na cruz, houve uma perturbação nos astros. No meio da tarde, o dia escureceu. As trevas desceram sobre a terra. Por algum método, talvez um eclipse, o sol foi obstruído. Era como se Deus estivesse escondendo a luz de seu rosto.

Em meio à intensidade daquelas trevas, Jesus clamou: "Deus meu, Deus meu, por que me desamparaste?" Esse foi uma das afirmações mais admiráveis que saíram dos lábios de Jesus, enquanto esteve pendurado na cruz, e tem havido muitas interpretações para essa afirmação. Albert Schweitzer considerou esse clamor e disse que ele era uma prova decisiva de que Jesus morreu em desilusão. De acordo com Schweitzer, Jesus tinha expectativa de que Deus o livraria, mas Deus o abandonou nos momentos finais; por isso, Jesus morreu desiludido, como um trágico herói shakespeariano. Outros observaram, como mencionamos no capítulo anterior, que essas palavras se encontram ao pé da letra em Salmos 22 e concluíram que Jesus se identificou com o Servo Sofredor de Salmos 22, recitando aquela poesia em sua morte. Contudo, isso deixa de lado todas as indicações – os executores de Jesus, o lugar de sua execução, as trevas que sobrevieram – que nos mostram com bastante clareza o fato de que Jesus clamou ao seu Pai porque havia sido realmente abandonado.

O sinal da antiga aliança era a circuncisão. O corte da pele do prepúcio tinha dois significados: um positivo e um negativo. No aspecto positivo, o corte da pele simbolizava que Deus estava separando um grupo de pessoas do restante dos povos, separando-as, colocando-as à parte para serem uma nação santa. O aspecto negativo era que o judeu, ao passar pela circuncisão, estava dizendo: "Ó Deus, se eu falhar em cumprir cada um dos termos desta aliança, serei separado de ti, separado de tua presença, separado de tua bênção, como agora estou sendo ritualmente separado do prepúcio de minha carne".

A cruz foi a circuncisão suprema. Quando Jesus tomou a maldição sobre si mesmo e, assim, se identificou com nosso pecado, que o tornou uma maldição, Deus o cortou. No momento em que Cristo tomou sobre si o pecado do mundo, sua figura na cruz era bastante grotesca, o mais horrível corpo de pecado concentrado que já existiu na história da humanidade. Deus é tão santo que não pode ver a iniqüidade; por isso, quando Cristo foi pendurado na cruz, o Pai virou as costas. Ele desviou a sua face e cortou o Filho. Jesus, que, no tocante à sua natureza humana, tivera um relacionamento perfeito e bendito com o Pai em todo o seu ministério, levava o pecado do povo de Deus, e, conseqüentemente, foi abandonado por Deus.

Imagine quão agonizante isso foi para Cristo. Tomás de Aquino argumentou que, em todo o seu ministério terreno, Jesus permaneceu em um constante estado de comunhão íntima com seu Pai. Aquino especulou que a Visão Beatífica, a visão da glória pura de Deus, era algo que Jesus desfrutava a cada minuto de sua vida, até à cruz, quando a luz escureceu. O mundo foi mergulhado em trevas, e Cristo foi exposto à maldição da ira de Deus. De acordo com os judeus, experimentar a maldição significava experimentar o ser abandonado.

Tenho ouvido sermões sobre os pregos e os espinhos. Com certeza, a agonia física da crucificação foi uma coisa horrível. Todavia, milhares de pessoas sofreram morte de cruz, e outras tiveram mortes mais excruciantes e mais dolorosas do que aquela. Mas somente Um recebeu a plena medida da maldição de Deus enquanto esteve na cruz. Por causa disso, pergunto-me se Jesus estava cônscio dos pregos e dos espinhos. Ele foi tomado pelas trevas exteriores. Na cruz, ele estava no inferno, destituído da graça e da presença de Deus, totalmente separado de toda a bênção do Pai. Jesus se tornou maldição por nós, para que um dia possamos ver a face do Deus. O Pai virou as costas para seu Filho a fim de que a luz de seu rosto resplandeça sobre nós. Não é admirável que Jesus tenha gritado das profundezas de sua alma.

Finalmente, Jesus disse: "Está consumado" (Jo 19.30). O que estava consumado? Sua vida? As dores dos pregos? Não. A luz retornara. A face de Deus retornara. Conseqüentemente, Jesus pôde dizer: "Pai, nas tuas mãos entrego o meu espírito" (Lc 34.46b).

Esta é a realidade categórica: se Jesus não tivesse sido abandonado na cruz, ainda estaríamos em nossos pecados. Não teríamos redenção, nem salvação. Todo o propósito da cruz era que Jesus levasse o nosso pecado e sofresse as sanções da aliança. Para que isso acontecesse, ele teve de ser abandonado. Jesus submeteu-se à vontade de seu Pai e suportou a cruz, para que nós, seu povo, experimentássemos a bem-aventurança suprema.

Capítulo 9

Uma Fé Segura

Quando morei e ministrei no Oeste da Pensilvânia, os habitantes da pequena cidade de Greensburg ficaram desnorteados a respeito de uma obra que estava sendo realizada pelo Departamento de Transportes da Pensilvânia. Parecia que um grupo de trabalhadores do departamento havia pintado novas linhas brancas no centro da rodovia que sai de Greensburg, e outro grupo pusera asfalto novo cobrindo aquelas linhas. Não surpreendentemente, os contribuintes ficaram perplexos quanto a esse tipo de procedimento.

Talvez você pergunte qual a relação desse acontecimento com a expiação. Na história da igreja, tem havido uma grande controvérsia a respeito da intenção de Deus, o Pai, e de Deus, o Filho, no ato de expiação. A pergunta é: por quem Cristo morreu? Em outras palavras, qual era o propósito e desígnio de Deus em toda a atividade dinâmica da cruz? Em minha opinião, algumas respostas para essa pergunta funcionam como o Departamento de Transportes da Pensilvânia: pintam linhas brancas, depois, cobrem-nas.

A ala reformada da igreja tem respondido essa pergunta com a doutrina da expiação limitada, também conhecida como a doutrina da redenção específica. Quando as pessoas ouvem falar da expiação limitada, tendem imediatamente a pensar no calvinismo, porque a idéia da expiação limitada está ligada historicamente ao nome de *João Calvino* e ao termo *calvinismo*. De fato, essa doutrina é um dos famosos "cinco pontos do calvinismo".

De certo modo, é incorreto dizer que o calvinismo tem cinco pontos. O próprio Calvino não resumiu a teologia reformada numa lista dos cinco pontos. Em nenhum lugar de sua obra extensa, acharemos tal resumo de sua teologia. Os cinco pontos foram realmente compilados na Holanda, no século XVII, quando houve no clero holandês uma reação a seu próprio calvinismo histórico. Um grupo liderado por James Arminius protestou contra certas doutrinas que faziam parte da teologia reformada ortodoxa. Esses protestantes, que foram chamados de remonstrantes, alistaram cinco doutrinas específicas da teologia reformada das quais discordavam. O Sínodo de Dort foi convocado para responder às queixas dos remonstrantes. E os delegados desse sínodo reafirmaram a teologia reformada histórica e repudiaram a posição dos remonstrantes. Ao fazerem isso, eles resumiram a posição reformada clássica em cada um dos cinco pontos que os remonstrantes haviam questionado. E desde então temos ouvido falar dos cinco pontos do calvinismo. A teologia reformada ensina muito mais do que os cinco pontos, mas esses cinco pontos são distintivos da doutrina calvinista.

É importante notar que a doutrina da expiação limitada não foi introduzida por Calvino e não é peculiaridade do calvinismo. O debate sobre a expiação era intenso já no século IV, quando o foco centralizou-se nos ensinos de Agostinho em oposição ao monge britânico Pelágio. Foi Agostinho que articulou o conceito com maior clareza, expondo-o de uma maneira teológica para os pais da igreja primitiva. De fato, o calvinismo é realmente sinônimo de agostinianismo, que abordamos brevemente no Capítulo 1.

Esses cinco pontos da doutrina calvinista são freqüentemente sumariados pelo acróstico em inglês TULIP, em que cada letra representa um dos cinco pontos. A letra T significa a depravação total (em inglês, total depravity); a letra U, a eleição incondicional (unconditional election); a letra L, a expiação limitada (limited atonement); a letra I, a graça irresistível (irresistible grace); e a letra P, a perseverança dos santos (perseverance of the saints).

Cada uma dessas doutrinas é questionada e debatida por muitos na igreja, mas duvido que algum desses pontos suscite mais controvérsia do que a expiação limitada. De fato, há inúmeros crentes que se declaram calvinistas de quatro pontos porque não podem assimilar a doutrina da expiação limitada. Às vezes, eles dizem: "Não sou calvinista, não sou arminiano. Sou Calminiano". Penso que um calvinista de quatro pontos *é* um arminiano. Digo isso por esta razão: à medida que conversei com pessoas que se chamavam calvinistas de quatro pontos e tive oportunidade de debater com elas, descobri que não eram calvinistas de nenhum ponto. Achavam que acreditavam na depravação total, na eleição incondicional, na graça irresistível e na perseverança dos santos, mas não entendiam esses pontos.

Somente uma vez encontrei uma exceção a essa regra geral, um homem que se autodeclarava calvinista de quatro pontos. Esse homem era um professor de teologia. Fiquei interessado em sua posição. Por isso, lhe disse: gostaria de saber como você lida com esta situação, porque confio em você. Sei que está sempre aprendendo teologia e gostaria de saber o que pensa sobre isso. Esperava que ele não tivesse um entendimento exato dos quatro primeiros pontos. Mas, para minha admiração, quando ele discorreu sobre os quatro pontos, achei que os expôs com tanta clareza como qualquer verdadeiro calvinista os articularia. Regozijei-me, mas fiquei também admirado. Eu disse: fale-me sobre o seu entendimento a respeito da expiação limitada. Quando o expôs, descobri que ele não era um calvinista de quatro pontos; era um calvinista de cinco pontos. Ele acreditava na expiação limitada e não o sabia.

O que estou argumentando é que existe confusão a respeito do que a doutrina da expiação limitada realmente ensina. Contudo, acho que, se alguém entende realmente os outros quatro pontos e pensa com clareza em todos eles, tal pessoa deve crer na expiação limitada, por causa do que Martinho Lutero chamou de lógica irresistível. Além disso, há pessoas que vivem em uma incoerência feliz. Acredito que é possível uma pessoa crer nos quatro pontos sem crer no quinto, embora eu não ache que alguém possa fazer isso de modo consistente ou lógico. No entanto, tal possibilidade existe devido à nossa inclinação à incoerência.

Para começarmos a desembaraçar-nos dos conceitos errados a respeito desta doutrina, consideremos primeiramente a questão do valor do sacrifício expiatório de Jesus Cristo. O agostinianismo clássico ensina que a expiação realizada por Jesus Cristo é *suficiente* para todos os homens. Ou seja, o sacrifício que Cristo ofereceu ao Pai tem valor infinito. Na obra de Cristo, há mérito suficiente para cobrir os pecados de todos os seres humanos que já viveram e os que ainda viverão. Portanto, não há limites para o valor do sacrifício que Cristo fez. Não há debate sobre este assunto.

Os calvinistas fazem distinção entre a *suficiência* e a *eficácia* da expiação. Essa distinção leva à seguinte pergunta: a morte de Jesus foi eficaz para todos? Em outras palavras, a expiação resultou em que todos seriam salvos automaticamente? A obra de Jesus na cruz foi tão valiosa que poderia salvar todos os homens. Mas, a sua morte teve realmente o efeito de salvar todo o mundo?

Essa pergunta tem sido debatida por séculos, conforme já dissemos. Entretanto, se a controvérsia sobre a expiação limitada se referisse somente ao valor da expiação, seria uma tempestade em um copo d'água, porque a distinção entre a suficiência e a eficácia da expiação não define a diferença entre a teologia reformada histórica e pontos de vista não-reformados como o semipelagianismo e o arminianismo. Pelo contrário, ela apenas diferencia o universalismo do particularismo. Os universalistas crêem que a morte de Jesus na cruz *teve* o efeito de salvar todo o mundo. O calvinismo discorda fortemente desse ponto de vista. Contudo, o arminianismo histórico e o dispensacionalismo também repudiam o universalismo. Cada uma dessas escolas de pensamento concorda que a expiação realizada por Cristo é específica e não universal no sentido de que opera ou torna eficaz a salvação somente para aqueles que crêem em Cristo, de modo que a expiação não salva automaticamente a todos. Portanto, a distinção entre a suficiência e a eficácia da obra de Jesus define o particularismo, mas não necessariamente o conceito da expiação limitada.

Como uma observação à parte, gostaria de dizer que, embora nem todos sejam salvos pela cruz, a obra de Cristo produz benefícios concretos universais ou quase universais. Por meio da morte de Cristo, a igreja nasceu, e isso levou à pregação do evangelho. E, onde quer que o evangelho seja pregado, há aprimoramento da moral e da retidão na sociedade. Existe um transbordamento da influência da igreja que traz benefícios a todos os homens. Além disso, as pessoas ao redor do mundo têm sido beneficiadas pelo compromisso da igreja com hospitais, orfanatos, escolas e obras semelhantes.

O verdadeiro âmago da controvérsia sobre a expiação limitada era esta pergunta: qual era a intenção e o desígnio de Deus em enviar Cristo á cruz? O propósito do Pai e do Filho era realizar uma expiação que se tornaria disponível a todos os que confiariam nela, incluindo a possibilidade de que ninguém se valesse de seus benefícios? Em outras palavras, o propósito de Deus em enviar Cristo à cruz era apenas tornar a salvação *possível*? Ou desde a eternidade Deus planejou enviar Cristo para sofrer uma morte vicária a fim de realizar uma expiação *eficaz* que seria aplicada a certas pessoas eleitas?

A teologia reformada histórica entende com seriedade a doutrina bíblica da eleição divina. Por causa dessa doutrina, os calvinistas crêem que Deus estabeleceu um plano, desde a eternidade, para salvar um povo para ele mesmo. Esse plano incluía somente uma parte da raça humana; nunca foi intenção de Deus salvar a todos. Lembre-se: por causa de nosso pecado e da justiça de Deus, ele não estava obrigado a salvar ninguém. De fato, ele teria sido perfeitamente justo se houvesse entregado todas as pessoas à destruição eterna. Mas, em sua misericórdia, Deus resolveu salvar alguns. Se Deus tivesse a intenção de salvar todos, todos seriam salvos. No entanto, o propósito de Deus na redenção era salvar, dentre os homens, um remanescente e livrá-los da ira que mereciam por si mesmos e por justiça. Eles seriam objetos da misericórdia de Deus; todos os demais, de sua ira.

O desígnio da expiação era que Cristo fosse à cruz, como ele mesmo disse, e desse a sua vida "em resgate por muitos" (Mt 20.28b). Ele daria a sua vida, conforme havia dito, "pelas ovelhas" (Jo 10.11). O propósito da expiação era prover salvação para os eleitos de Deus. Em palavras simples, a teologia reformada ensina que Jesus Cristo foi à cruz em favor dos eleitos, tão-somente em favor deles. Essa é, em resumo, a doutrina da expiação limitada.

Pessoas têm dificuldades com essa doutrina, especialmente se uso essas palavras para descrevê-la. E qual seria a reação se eu dissesse que Jesus foi à cruz somente em favor dos crentes, apenas dos crentes? Com essa afirmação, eu declaro que era o desígnio de Deus que Jesus morresse não por todos indiscriminadamente, mas apenas por aqueles que creriam nele. Se você aceita isso, admite que somente os eleitos são os crentes e que somente os crentes são os eleitos. Não estou dizendo nada diferente ao afirmar que Cristo morreu apenas pelos eleitos. Você pode imaginar crentes que não são eleitos ou pessoas que são eleitas, mas não são crentes? Esse tipo de disjunção é totalmente estranha ao Novo Testamento.

Muitas outras objeções são levantadas contra a expiação limitada. Um dos maiores obstáculos nas Escrituras são as afirmações bíblicas de que Jesus morreu em favor do "mundo". Essas afirmações devem sempre ser avaliadas em contraste com outras proposições bíblicas que declaram, de modo claro e específico, por quem Jesus morreu. Além disso, temos de nos esforçar para obter um verdadeiro entendimento do significado do vocábulo "mundo" nas Escrituras. O argumento que autores bíblicos formularam especialmente para ouvintes judeus é que Cristo não é o Salvador apenas do povo judeu e que pessoas de toda língua, raça e nação são contadas entre os eleitos. Em outras palavras, a expiação tem implicações para todo o mundo, mas isso não significa que cada pessoa no mundo é salva. Isso pode ser concluído do texto bíblico.

Algumas pessoas reagem contra a doutrina da expiação limitada porque ela parece remover a grandeza da obra de Cristo. Na realidade, é a posição arminiana que diminui e desvaloriza todo o impacto e poder da expiação. A verdade que os calvinistas enfatizam é que Cristo realizou o que se propusera a realizar, a obra que o Pai lhe designara a cumprir. A vontade soberana de Deus não se manifesta ao capricho e à mercê de nossas reações pessoais e individuais a ela. Se assim fosse, haveria a possibilidade teórica de que o plano de Deus fosse frustrado e, no final, ninguém seria salvo. Para os arminianos, a salvação é possível para todos, mas não é certa para ninguém. Na posição calvinista, a salvação é certa para os eleitos de Deus.

Outra objeção freqüentemente citada é que a doutrina da expiação limitada arruína a evangelização. Todos os cristãos ortodoxos, incluindo os calvinistas, crêem e ensinam que a expiação realizada por Cristo deve ser proclamada a todos os homens. Temos de anunciar que Deus amou o mundo de tal maneira que Deus seu Filho unigênito, para que todo o que nele crê não pereça, mas tenha a vida eterna. Existe o conceito errado de que, se os calvinistas crêem na doutrina da expiação limitada, eles não têm qualquer paixão de ir e pregar a cruz a todos. Desde Agostinho, os calvinistas têm sido cuidadosos em insistir que o evangelho tem de ser oferecido a todos os homens — embora saibamos que nem todos responderão ao evangelho. Muitos calvinistas têm sido evangelistas zelosos.

A doutrina da expiação limitada é, na realidade, proveitosa à evangelização. O calvinista sabe que nem todos responderão à mensagem do evangelho, mas também sabe que, com certeza, alguns o aceitarão. Por contraste, o arminiano não sabe que nem todos responderão ao evangelho. Na mentalidade arminiana, o fato de que todos se arrependerão e crerão é uma possibilidade teórica. Contudo, o arminiano tem de lidar com a possibilidade de que ninguém aceitará o evangelho. Ele pode apenas esperar que sua apresentação do evangelho seja tão persuasiva que o incrédulo, perdido e morto em pecados e ofensas, resolverá cooperar com a graça divina, de modo a se aproveitar dos benefícios oferecidos na expiação.

Se superarmos esses problemas relacionados à doutrina da expiação limitada, poderemos começar a ver a sua glória — a expiação que Cristo realizou na cruz foi concreta e eficaz. Não foi uma expiação hipotética. Foi uma expiação genuína. Ele não ofereceu uma expiação hipotética em favor dos pecados de seu povo. Os pecados deles *foram* expiados. Cristo não fez uma expiação hipotética em favor de nossos pecados. Ele aplacou realmente a ira de Deus para conosco. Por contraste, de acordo com o outro ponto de vista, a expiação é somente uma potencialidade. Jesus foi à cruz, pagou a penalidade do pecado e fez expiação, mas agora ele está assentado no céu, esfregando as mãos e esperando que alguém se aproveite da obra que ele realizou. Isso é alheio ao entendimento bíblico do triunfo e vitória que Cristo realizou em sua morte expiatória.

Em sua oração sacerdotal, Jesus disse:

> Manifestei o teu nome aos homens que me deste do mundo. Eram teus, tu mos confiaste, e eles têm guardado a tua palavra. Agora, eles reconhecem que todas as coisas que me tens dado provêm de ti... eles... verdadeiramente conheceram que saí de ti, e creram que tu me enviaste. É por eles que eu rogo (Jo 17.6-9a).

Era Jesus, o Salvador, quem estava falando essas palavras. Observe que ele orava por seus discípulos – não pelo mundo. Na mais pungente oração de intercessão que Jesus fez neste mundo como nosso Sumo Sacerdote, ele disse explicitamente que *não* orava em favor de todos. Em vez disso, ele orava em favor de seus eleitos.

Podemos imaginar que Jesus estava disposto a morrer por todo o mundo e não orou em favor de todo o mundo? Isso não faz sentido. Jesus seria incoerente. Ele viera para dar a sua vida por suas ovelhas. Jesus morreria por seu povo e deixou claro, nessa oração, quem eram aqueles em favor dos quais ele morreria. Nisso, não há nenhuma questão de indiscriminação. Jesus faria expiação, e esta seria eficaz para todos em favor dos quais ele tencionava que ela fosse eficaz.

Se você pertence ao rebanho de Cristo, é uma de suas ovelhas, você pode ter certeza de que uma expiação foi realizada em favor de seus pecados. Você pode perguntar como pode saber que é contado entre os eleitos de Deus. Não posso sondar o seu coração ou os segredos do Livro da Vida do Cordeiro, mas Jesus disse: "As minhas ovelhas ouvem a minha voz" (Jo 10.27). Se você deseja que a expiação realizada por Cristo lhe seja proveitosa, se puser sua confiança nessa expiação, descansando nela, para reconciliá-lo com o Deus todo-poderoso, em um sentido prático, você não precisa preocupar-se com questões abstratas a respeito da eleição. Se você puser sua confiança na morte de Cristo para a sua redenção e crer no Senhor Jesus Cristo, pode assegurar-se de que a expiação foi realizada por você. Mais do qualquer outra coisa, isso resolverá para você a questão do mistério da eleição de Deus. Se você não é um eleito, não crerá em Cristo, não aceitará a expiação nem descansará no sangue de Cristo derramado em favor de sua salvação. Se você quiser a salvação, pode tê-la. Ela lhe é oferecida, se você crer e confiar.

Uma das afirmações mais agradáveis dos lábios de Jesus, registradas no Novo Testamento, é esta: "Vinde, benditos de meu Pai! Entrai na posse do reino que vos está preparado desde a fundação do mundo" (Mt 25.34). Deus tem um plano estabelecido para a sua salvação. Não é uma idéia de última hora ou uma tentativa de corrigir um erro. Pelo contrário, desde a eternidade, Deus determinou que redimiria para si um povo. E aquilo que Deus resolveu fazer, ele o fez realmente por meio da obra de Jesus Cristo, sua expiação na cruz. A salvação foi realizada por um Salvador que não é meramente um Salvador potencial, e sim um verdadeiro Salvador, que fez por você aquilo que o Pai determinou ele deveria fazer. Ele é o seu Fiador, seu Mediador, seu Substituto, seu Redentor. Ele fez expiação por nossos pecados na cruz.

Capítulo 10

Perguntas e Respostas

Neste capítulo final, gostaria de abordar brevemente várias outras questões relacionadas à expiação:

Qual é o significado do derramamento de sangue na expiação?

A idéia de que há um poder intrínseco ou inerente no sangue de Jesus é um conceito popular no mundo cristão. Ela aparece até em hinos e cânticos de louvor. Essa idéia reflete um mal-entendido fundamental sobre o conceito do sangue em relação à expiação do ponto de vista bíblico.

Certa vez ouvi meu amigo John Guest, um evangelista

anglicano, pregar sobre a cruz e o sangue de Cristo. Ele fez esta pergunta: "Se Jesus tivesse vindo a este mundo e arranhado seu dedo em um espinho, de modo que derramasse uma ou duas gotas de sangue, isso teria sido suficiente para nos redimir? Isso teria constituído um derramamento de sangue. Se somos salvos pelo sangue de Cristo, isso teria sido suficiente?" É óbvio que o argumento que John estava formulando não era que o sangue de Cristo derramado assim nos salva.

A importância do sangue no sistema sacrificial era que ele representava a vida. O Antigo Testamento enfatiza repetidas vezes que "a vida da carne está no sangue" (Lv 17.11). Portanto, quando o sangue é derramado, a vida se acaba. Isso é significativo porque, na aliança de obras, no Jardim do Éden, a morte foi a penalidade estabelecida para a desobediência. Essa foi a razão por que Jesus teve de morrer para realizar a expiação. Quando o sangue é derramado e a vida, exaurida, a penalidade é paga. Nada menos do que essa penalidade será suficiente.

> Jesus foi abandonado por seu Pai na cruz. Com essa mesma conotação, ouvimos às vezes que aqueles que estão no inferno são abandonados por Deus no sentido de que o inferno é a ausência de Deus.
>
> As Escrituras ensinam claramente que

Deus é onipresente. Davi disse: "Se faço a minha cama no mais profundo abismo, lá estás também"

(Sl 139.8).

Então, como devemos entender o inferno em relação à presença de Deus?

É comum dizermos que o inferno é a ausência de Deus. Afirmações como essa são motivadas, em grande parte, até pelo pavor de considerarmos como é o inferno. Tentamos abrandar isso e achar um eufemismo para desviar-nos do assunto.

Quando usamos a linguagem figurada do Antigo Testamento em uma tentativa de entender o abandono dos perdidos, não estamos falando da idéia de afastamento ou ausência de Deus no sentido de que Ele deixa de ser onipresente. Pelo contrário, tal linguagem é uma maneira de descrever o afastamento de Deus em termos de sua bênção redentora. O inferno é a ausência da luz de seu rosto. É a presença da carranca da face de Deus. É a ausência da bênção de sua glória manifestada, que é um deleite para a alma daqueles que o amam; por outro lado, é a presença das trevas de juízo. O inferno reflete a presença de Deus em sua forma de julgamento, em seu exercício de ira. E todos gostariam de escapar disso.

Acho que essa é a razão por que ficamos confusos. Há um afastamento em termos da bênção da intimidade de Deus. Seus benefícios podem ser removidos para bem longe de nós, e a linguagem bíblica nos chama atenção para isso.

> O FAMOSO HINO DA IGREJA "COMO PODE SER?" CONTÉM UM VERSO QUE FAZ ESTA PERGUNTA PROFUNDA:
> "COMO PODE SER QUE MEU DEUS MORREU POR MIM?"
> É CORRETO AFIRMAR QUE DEUS MORREU NA CRUZ?

Esse tipo de expressão é popular na hinódia e nas conversas de pessoas comuns. Mas, embora eu tenha esse escrúpulo a respeito do hino e me inquiete com o fato de que a expressão está ali, acho que a entendo, e há uma maneira de tolerá-la.

Cremos que Jesus Cristo era Deus encarnado. Também cremos que ele morreu na cruz. Se afirmamos que Deus morreu na cruz e, com isso, pretendemos afirmar que a natureza divina pereceu ali, nos envolvemos em heresia séria. De fato, duas heresias relacionadas a esse assunto surgiram nos primeiros séculos da igreja: *teopassianismo* e o *patripassianismo*. A primeira delas, o *teopassianismo*, ensina que Deus mesmo sofreu a morte na cruz. O *patripassianismo* indica que o Pai sofreu vicariamente por intermédio do sofrimento de seu filho. Ambas as heresias foram severamente rejeitadas pela igreja por negarem, de modo categórico, o próprio caráter e natureza de Deus, incluindo a sua imutabilidade. Nunca houve qualquer mudança na natureza e caráter dele.

Deus não somente criou o universo, mas também o sustenta pela palavra do próprio poder de seu ser. Como Paulo disse: "Nele vivemos, e nos movemos, e existimos" (At 17.28). Se o ser de Deus cessasse por um segundo, o universo desaparecia. Perderia a existência, porque nada pode existir à parte do poder sustentador de Deus. Se Deus morre, tudo morre com ele. Então, é óbvio que Deus não pode ter morrido na cruz.

Alguns dizem: "Foi a segunda pessoa da Trindade que morreu". Isso seria uma mutação no próprio ser de Deus, porque, ao considerarmos a Trindade, dizemos que os três são um em essência e que, embora haja distinções entre as pessoas da Divindade, essas distinções não são essenciais no sentido de que são diferenças no ser. A morte é algo que envolve uma mudança no ser de uma pessoa.

Devemos esquivar-nos, com horror, da idéia de que Deus morreu na cruz. A expiação foi realizada pela natureza humana de Cristo. De algum modo, as pessoas tendem a pensar que isso diminui a dignidade ou o valor do ato vicário, como se isso negasse implicitamente, em algum nível, a deidade de Cristo. Jamais. Foi o Deus-Homem que morreu, mas a morte é algo experimentado somente pela natureza humana, porque a natureza divina é incapaz de experimentá-la.

HÁ UMA CONEXÃO ENTRE UM ENTENDIMENTO INCORRETO QUANTO À DEPRAVAÇÃO HUMANA E A REJEIÇÃO DA DOUTRINA DA EXPIAÇÃO LIMITADA?

Sob o risco de parecer estar sendo incoerente com o que tenho dito tantas vezes, eu acho realmente que o maior problema que temos na teologia é chegarmos a um entendimento correto de duas doutrinas: a doutrina de Deus e a do homem. No capítulo inicial das *Institutas da Religião Cristã*, João Calvino escreveu sobre a importância de possuirmos um entendimento correto a respeito de quem o homem é, para obtermos um entendimento exato sobre quem Deus é. Em seguida, Calvino faz uma afirmação meio paradoxal e diz que, para entendermos o homem, precisamos também entender a Deus. Infelizmente, não sabemos quem Deus é, por isso não sabemos o que nós mesmos somos. Todavia, quanto mais entendemos a santidade e a justiça de Deus, tanto mais começamos a perceber, por contraste, quão desesperadamente caídos e dependentes somos da misericórdia e graça de Deus.

O conflito básico da teologia diz respeito a uma teologia teocêntrica e uma teologia antropocêntrica — uma teologia centrada em Deus e uma teologia centrada no homem. Receio que muitos cristãos professos estão mais interessados na exaltação do ser humano do que na dignidade de Deus mesmo.

Você percebe algum conflito entre a "salvação por decisão" e a eleição?

Acho que o maior perigo é que as igrejas estejam cheias de pessoas que fizeram uma profissão de fé, mas não estão na graça. A justificação ocorre por meio de possuirmos a fé, e todo aquele que tem a fé verdadeira é chamado a professá-la. Mas você não entra no reino de Deus por levantar a mão, vir à frente do templo, fazer a oração de salvação ou assinar um cartão de decisão. Todas essas coisas são boas, mas são exterioridades. Infelizmente, tendemos a focalizar essas coisas. Quando alguém faz uma profissão de fé, dizemos: "Você entrou no reino". Não pedimos à pessoa que se examine para saber se a fé que ele ou ela confessa é, de fato, autêntica. Contudo, é vital que façamos isso, porque somente a fé autêntica trará justificação. Essa fé é dom de Deus. Eu não posso produzir a fé em outra pessoa. Posso plantar a semente e regá-la, mas somente Deus, o Espírito Santo, pode produzir o crescimento.

COMO O PÓS-MODERNISMO AFETA O ENTENDIMENTO POPULAR QUANTO À EXPIAÇÃO?

Minha maior preocupação é com a maneira pela qual a mentalidade pós-moderna está seduzindo a igreja, inclusive a igreja reformada. Parece haver uma aceitação tácita de que em algum tempo por volta de 1970, no final da revolução cultural dos anos 1960, algo admirável aconteceu – uma mudança referente à nossa constituição ocorreu na natureza dos seres humanos, a partir da maneira como fomos criados. Agora a vida não é mais construída sobre a base da verdade penetrando a alma por meio da mente. Desde 1970, adotamos a "cultura dos sensos" que se focaliza em nossos sentimentos, relacionamentos e tudo que é subjetivo. Até a verdade é considerada subjetiva e não objetiva. Por conseguinte, a verdade é o que você quer que seja verdade. Esta é geração mais narcisista na história da raça humana.

Norteadas por essas mudanças, igrejas estão se apressando a mudar sua maneira de lidar com a cultura, adotando o uso de temas políticos, entretenimento e esse tipo de coisas. Esquecem que o poder está na Palavra de Deus, não em métodos, e que a Palavra de Deus é dirigida, em primeiro lugar, à mente. Deus tencionou que sua Palavra fosse inteligível; e, somente quando a entendemos, ela penetra em nossa mente e coração, revelando-se em vidas mudadas.

FALAMOS SOBRE A EXPIAÇÃO REALIZADA POR CRISTO, MAS FOI DEUS, O PAI, QUEM ENVIOU JESUS AO MUNDO. O QUE PODEMOS FAZER PARA MANTER NOSSO ENTENDIMENTO DA CENTRALIDADE DO PAI NA HISTÓRIA DA REDENÇÃO?

Em termos práticos, acho que uma das melhores e mais importantes coisas que podemos fazer é meditarmos de novo no Antigo Testamento. Um de meus motivos freqüentes de reclamação é a maneira como achamos que, pelo fato de que o evangelho surgiu na história e de que o Novo Testamento nos proporciona uma revelação de Jesus, podemos agora dispensar ou menosprezar o Antigo Testamento. Esquecemos que esse enorme compêndio de informações é revelação divina; e grande parte do seu conteúdo é um desvendamento do caráter de Deus visando ao nosso benefício. Precisamos conhecer o Deus do Antigo Testamento, porque foi Ele a quem Jesus chamou de Pai. Foi o Deus do Antigo Testamento que enviou Jesus e foi satisfeito mediante a obra realizada por Cristo.

Chamamos a nós mesmos de *cristãos*, mas precisamos lembrar que a razão por que amamos a Jesus e o seguimos é que ele nos reconciliou com o Pai. Na administração da redenção, o próprio Jesus é subordinado ao Pai e nos chama a *soli Deo gloria*, dar glória somente a quem ela pertence, a Deus.

Em que ponto da história uma pessoa é redimida — quando Cristo morreu na cruz, em favor de seu povo, ou quando a pessoa responde ao evangelho, com fé?

Na versão grega da Bíblia, o verbo salvar aparece em todos os tempos possíveis. A Bíblia diz que *fomos salvos* desde a fundação do mundo ou que *estávamos sendo salvos* desde a fundação do mundo; que *somos salvos* ou que *estamos sendo salvos*; e que *seremos salvos*. A verdade é que desde a fundação do mundo somos justificados, nos decretos de Deus. Mas isso não se consumou até o tempo e a ocasião da obra de Cristo; e não se realiza enquanto não somos vivificados pelo

Espírito Santo, para que venhamos à fé e nos apropriemos dos benefícios que foram determinados e garantidos para nós em eras passadas.

A EXPIAÇÃO SE APLICOU ÀQUELES QUE VIVERAM ANTES DA CRUCIFICAÇÃO DE CRISTO?

A resposta para essa pergunta é clara nas Escrituras. As pessoas que viveram na época do Antigo Testamento tinham o sistema de sacrifícios, mas o sangue de touros e bodes não podia expiar o pecado de ninguém. Essas coisas faziam o povo de Israel olhar para longe de si mesmo, para uma expiação que satisfaria a justiça de Deus. Uma pessoa do Antigo Testamento que confiasse na promessa da obra do Messias era salva, embora essa obra ainda não tivesse sido realizada no tempo e no espaço. O fundamento dessa salvação era a obra de Cristo, que viria. Os crentes do Antigo Testamento eram salvos pela fé que olhava para frente, enquanto nós somos salvos pela fé que olha para trás. O fundamento objetivo da salvação de ambos os grupos é o mesmo – a expiação de Cristo.

FIEL MINISTÉRIO

O Ministério Fiel tem como propósito servir a Deus através do serviço ao povo de Deus, a Igreja.

Em nosso site, na internet, disponibilizamos centenas de recursos gratuitos, como vídeos de pregações e conferências, artigos, e-books, livros em áudio, blog e muito mais.

Oferecemos ao nosso leitor materiais que, cremos, serão de grande proveito para sua edificação, instrução e crescimento espiritual.

Assine também nosso informativo e faça parte da comunidade Fiel. Através do informativo, você terá acesso a vários materiais gratuitos e promoções especiais exclusivos para quem faz parte de nossa comunidade.

Visite nosso website

www.ministeriofiel.com.br

e faça parte da comunidade Fiel

Esta obra foi composta em Goudy Old Style 10,9, e impressa
na Promove Artes Gráficas sobre o papel Pólen 70g/m2,
para Editora Fiel, em Maio de 2023